DESORDENES ALIMENTICIOS DURANTE LA ADOLESCENCIA

Cómo Superar los Problemas Alimenticios más Comunes y Dañinos Presentes en la Adolescencia

MICK CARTER

© Copyright 2022 – Mick Carter - Todos los derechos reservados.

Este documento está orientado a proporcionar información exacta y confiable con respecto al tema tratado. La publicación se vende con la idea de que el editor no tiene la obligación de prestar servicios oficialmente autorizados o de otro modo calificados. Si es necesario un consejo legal o profesional, se debe consultar con un individuo practicado en la profesión.

- Tomado de una Declaración de Principios que fue aceptada y aprobada por unanimidad por un Comité del Colegio de Abogados de Estados Unidos y un Comité de Editores y Asociaciones.

De ninguna manera es legal reproducir, duplicar o transmitir cualquier parte de este documento en forma electrónica o impresa. La grabación de esta publicación está estrictamente prohibida y no se permite el almacenamiento de este documento a menos que cuente con el permiso por escrito del editor. Todos los derechos reservados.

La información provista en este documento es considerada veraz y coherente, en el sentido de que cualquier responsabilidad, en términos de falta de atención o de otro tipo, por el uso o abuso de cualquier política, proceso o dirección contenida en el mismo, es responsabilidad absoluta y exclusiva del lector receptor. Bajo ninguna circunstancia se responsabilizará legalmente al editor por cualquier reparación, daño o pérdida monetaria como consecuencia de la información contenida en este documento, ya sea directa o indirectamente.

Los autores respectivos poseen todos los derechos de autor que no pertenecen al editor.

La información contenida en este documento se ofrece únicamente con fines informativos, y es universal como tal. La presentación de la información se realiza sin contrato y sin ningún tipo de garantía endosada.

El uso de marcas comerciales en este documento carece de consentimiento, y la publicación de la marca comercial no tiene ni el permiso ni el respaldo del propietario de la misma. Todas las marcas comerciales dentro de este libro se usan solo para fines de aclaración y pertenecen a sus propietarios, quienes no están relacionados con este documento.

Índice

Introducción — vii

1. Primeros Pasos Para Ayudar A Su Hijo Con Un Trastorno Alimentario — 1
2. ¿Cómo Se Desarrolla Un Trastorno Alimentario? — 5
3. El Fracaso De Las Dietas Y La Sobrealimentación: El Camino Hacia La Bulimia Nerviosa — 9
4. Qué Hacer Para Obtener Ayuda — 19
5. Los Retos De Diagnosticar Un Trastorno Alimentario — 29
6. Cómo Aplicar El Enfoque Familiar Al Tratamiento De Los Trastornos Alimentarios — 39
7. Algunos Principios Fundamentales — 43
8. Trabaje Con Expertos Que Sepan Cómo Ayudarle — 47
9. No Culpe A Su Hijo Ni A Usted Mismo — 57
10. Centrarse En El Problema Y Las Soluciones — 67
11. No discuta con su hijo sobre las preocupaciones relacionadas con la alimentación o el peso — 111
12. Saber Cuándo Empezar A Retroceder — 125
13. Aprovechar El Poder De La Unidad — 133
    Conclusión — 159

Introducción

Cuando tus hijos están enfermos, no te lo piensas dos veces para llevarlos a la consulta del médico o el hospital. Si se trata de una gripe, el niño necesita líquidos, reposo y medicamentos para bajar la fiebre. Si se trata de una alergia, alguien tiene que comprobar las etiquetas de los envases para asegurarse de que el alérgeno no está incluido en un alimento. Si el niño tiene asma, hay que asegurarse de que el inhalador está disponible y vigilar los signos de un ataque.

Y si tu hijo tiene una enfermedad muy grave, como un cáncer o una cardiopatía, no esperarás a que mejore por sí solo.

Pero alguien tiene que estar ahí cuando el médico no está.

Introducción

Esa persona es usted. Los padres son una parte integral del tratamiento de sus hijos en todas las enfermedades que se puedan imaginar. ¿Por qué, entonces, debería ser diferente en el caso de los trastornos alimentarios?

No debería. La anorexia nerviosa y la bulimia nerviosa son enfermedades extremadamente graves que pueden amenazar la supervivencia de su hijo. Por su naturaleza, se autoperpetúan y son insidiosas. Por eso, una parte importante de los adolescentes y adultos que padecen trastornos alimentarios acaban en el hospital en algún momento del curso de su enfermedad: Necesitan la vigilancia constante y consistente de un equipo de profesionales para asegurarse de que vuelven a tener un peso y unos hábitos alimentarios normales.

El problema es lo que ocurre cuando llegan a casa. Muchos programas de tratamiento de la anorexia y la bulimia siguen abogando por mantener a los padres fuera del cuidado de sus hijos adolescentes, por una serie de razones que explicamos en este libro. La consecuencia suele ser una recaída.

Cuando un trastorno alimentario aún se apodera de una adolescente, dejar que la niña lo maneje por su cuenta una vez que está en casa sólo le da al trastorno alimentario la oportunidad de deslizarse a través de las endebles defensas del autocuidado y enviarla a una espiral

Introducción

descendente hacia el daño físico y psicológico una vez más.

Durante más de una década hemos observado cómo los adolescentes y sus padres luchan contra este horrible ciclo de mejorar y luego volver a empeorar. La mayoría de los que acuden a nuestras consultas llegan sintiéndose ansiosos por el desconcertante estado de su hijo y abrumados o incluso derrotados por esta extraña enfermedad.

A muchos padres ya les han dicho otros profesionales que se mantengan al margen o "empeorarán las cosas". Muchos están confundidos en general, sin saber muy bien si su hijo tiene realmente un trastorno alimentario, o qué es precisamente un trastorno alimentario, o qué deben hacer al respecto.

Este libro pretende aclarar las ideas erróneas que hemos descubierto -y que la investigación está empezando a revelar- que dificultan la recuperación de los adolescentes de la anorexia nerviosa, la bulimia nerviosa y sus variantes: que usted es el culpable del problema, que su hijo necesita ser tratado sin ninguna aportación o participación (también conocida como "interferencia") por su parte, que debe dejar el diagnóstico y el tratamiento en manos de los profesionales de una forma que nunca aceptaría si su hijo tuviera cáncer o un problema de corazón, o incluso un hueso roto. Por lo tanto, este libro tiene un

Introducción

simple propósito: ayudarte a entender los trastornos alimentarios y su naturaleza insidiosa y mostrarte cómo puedes ayudar a tu hijo a "tapar esas pequeñas grietas" por las que el trastorno alimentario sigue colándose en su vida.

Eso no significa que este libro sea un manual de "autoayuda". Los trastornos alimentarios son enfermedades muy graves y no tenemos pruebas de que los enfoques de autoayuda sean suficientes por sí mismos para los adolescentes y sus familias. Por el contrario, este libro pretende brindar respuestas directas y datos concretos sobre los trastornos alimentarios basados en las pruebas de investigación disponibles y en nuestra propia y amplia experiencia clínica.

Su objetivo es ofrecerle una perspectiva que recién comienza a surgir: que usted tiene un papel importante para ayudar a su hijo a recuperarse.

Creemos, de hecho, que usted es la clave para que su hijo adolescente recupere la salud. Esto se aplica tanto si acaba de considerar la posibilidad de que su hijo sea evaluado por un médico como si su hijo se ha sometido a otros tratamientos en el pasado y aún no ha vencido esta enfermedad.

Sin duda, usted está en la mejor posición posible para actuar rápidamente, antes de que el trastorno alimentario

Introducción

tenga la oportunidad de causar un daño grave a la salud de su hijo.

Las investigaciones demuestran que cuando la anorexia y la bulimia se tratan a tiempo, hay muchas posibilidades de que se recuperen por completo. Así que, aunque sólo sea por eso, esperamos que este libro le anime a tomarse en serio el problema de su hijo y a buscar ayuda ahora.

Sin embargo, lo ideal es que el libro le ayude a ir más allá.

Debería ayudarle a establecer una base sobre la que usted y los clínicos con los que trabaja puedan construir una asociación exitosa para derrotar el trastorno que se ha apoderado de su hijo. Esperamos desmitificar la anorexia y la bulimia y, al mismo tiempo, animarle a considerar cómo puede ayudar con los problemas que dicha enfermedad está causando a su hijo y a su familia.

Los padres que acuden a nuestras oficinas suelen llegar creyendo que no deben involucrarse en la ayuda del trastorno alimentario de su hijo. Este mensaje suele provenir de una fuente externa, ya que pocos padres suscribirían instintivamente la idea de "mantenerse al margen" si su hijo tuviera cualquier otra enfermedad que pusiera en peligro su vida.

Introducción

Por lo tanto, este libro puede parecer al principio que adopta una postura radical. La participación de los padres en el tratamiento puede suponer una enorme contribución positiva a la recuperación de un adolescente con anorexia o bulimia. Independientemente de la causa o del tipo de tratamiento, en este libro defenderemos que usted no sólo puede, sino que debe participar. Este libro le ayudará a descubrir cómo hacerlo.

El enfoque que adopta este libro se deriva en concepto de décadas de trabajo familiar para la anorexia nerviosa en el Hospital Maudsley de Londres. Este trabajo ilustra la importancia de la participación y el apoyo de los padres en la búsqueda de soluciones a los dilemas que enfrentan sus adolescentes con trastornos alimentarios. Esta perspectiva contrasta con los enfoques que culpan a los padres y los excluyen del tratamiento.

El hecho de que este libro esté dirigido a los padres en primer lugar lo diferencia de la mayoría de los libros sobre trastornos alimentarios. La mayoría de estos libros impresos están dirigidos a los adultos o a los propios adolescentes enfermos, lo que ha dejado un gran vacío en las fuentes de información para los padres.

Por eso hemos elaborado este libro para responder a las preguntas que los padres nos han planteado durante muchos años de práctica, desde "¿Tengo la culpa?" hasta "¿Qué hago cuando desaparece después de comer y sé que va a vomitar todo?". "¿Cómo conseguimos que vuelva a comer de forma saludable si no nos deja?". "¿No debería tomar también alguna medicación?" y "No entiendo esta enfermedad; ¿no es la solución directa: se come y ya está?".

Comencemos nuestro viaje.

1

Primeros Pasos Para Ayudar A Su Hijo Con Un Trastorno Alimentario

SI NO SABES QUÉ HACER, ¿debes hacer algo?

Este es el primer problema al que se enfrenta si le preocupa que su hijo o hija pueda tener un trastorno alimentario.

Sabes que la mayoría de los problemas alimentarios en los niños son transitorios. Recuerdas muchas luchas por la comida basura y los dulces con tus otros hijos, o lo has visto en otras familias. Muchos niños suelen pasar por periodos en los que son melindrosos, comen más de lo habitual, comen menos de lo habitual e incluso se quejan de malestar estomacal o tienen periodos de problemas digestivos leves y estreñimiento. Has preguntado a otros padres y familiares sobre este tipo de comportamientos y te has enterado de que, aunque suelen durar poco, los problemas de alimentación son casi universales.

Cuando los niños entran en la pubertad, muchos, sobre todo las chicas, se interesan mucho por su aspecto y su peso y pueden intentar hacer dietas u otras estrategias para perder peso. Usted espera esto porque sabe que es normal preocuparse más por la apariencia en los años de la adolescencia y porque ha sabido que los amigos de su hijo o hija expresan pensamientos similares y tienen el mismo tipo de comportamiento. No quieres crear un problema donde no lo hay.

¿Cómo se sabe si hay un problema real?

Si no se tratan, los trastornos alimentarios pueden provocar problemas de salud crónicos, depresión e incluso la muerte.

Por ejemplo, con la grave pérdida de peso asociada a la anorexia nerviosa, la inanición provoca una disminución de la temperatura corporal, de la presión arterial y del ritmo cardíaco, así como una piel áspera y seca, pérdida de cabello, pérdida de la menstruación en las mujeres jóvenes y osteoporosis. Como el cuerpo no se alimenta, recurre al músculo como combustible. Esto provoca debilidad, fatiga y, en particular, una disminución de la masa cardíaca (el corazón es un músculo grande del cuerpo), lo que puede provocar cambios peligrosos en el ritmo cardíaco y, por tanto, causar insuficiencia cardíaca y la muerte. Con el tiempo, el riesgo de muerte como consecuencia de las complicaciones de la anorexia se estima en un 6-15%.

Esta tasa de mortalidad es la más alta de todas las enfermedades psiquiátricas.

En el caso de la bulimia nerviosa, el riesgo de muerte parece ser menor, pero sigue habiendo riesgos de complicaciones médicas graves. Una de las más comunes es la depleción de potasio (hipopotasemia), que resulta de la pérdida de las reservas corporales de este electrolito esencial debido a la purga del contenido del estómago. Sin potasio, que es necesario para muchos procesos físicos básicos, pero significativamente importante para la contracción muscular, es posible que se produzcan arritmias cardíacas, que pueden conducir a un paro cardíaco y a la muerte. Además, con los vómitos crónicos, el revestimiento del esófago y del estómago puede erosionarse, lo que puede provocar hemorragias, úlceras e incluso la muerte si no se puede detener la hemorragia. El uso crónico de laxantes y purgantes provoca problemas intestinales, como dolor y estreñimiento grave e incesante. Tanto los vómitos como el uso de laxantes conducen a una grave disminución del agua del cuerpo (deshidratación), lo que puede provocar una presión arterial baja y cambiante, aumentando la probabilidad de desmayos y caídas.

2

¿Cómo Se Desarrolla Un Trastorno Alimentario?

Aunque la anorexia nerviosa suele comenzar en la adolescencia temprana, normalmente a los 13-14 años, no es raro ver a niños de entre 8 y 11 años desarrollar este trastorno alimentario. La anorexia suele comenzar con un episodio de dieta que conduce gradualmente a una inanición que pone en peligro la vida. A veces, algún acontecimiento precipitante identificable desencadena el proceso de dieta. Puede que la niña sea objeto de burlas por su peso o que sus amigos empiecen a hacer dieta. O tal vez vea a sus padres haciendo dieta. Algunas chicas empiezan a hacer dieta al inicio de la menstruación, cuando hacen la transición a un nuevo colegio o nivel en la escuela, o cuando empiezan a salir. La enfermedad de uno de los padres también puede desencadenar una dieta. Es importante entender que estos acontecimientos suelen iniciar el proceso de hacer dieta, pero eso no significa que estos desencadenantes sean las causas de la anorexia nerviosa. El punto de partida de la anorexia nerviosa suele ser hacer dieta.

Los adolescentes hacen dieta por diversas razones. Sheila dice que empezó a hacer dieta para ser una persona más sana, mientras que la dieta de Tom fue inicialmente diseñada para mejorar su buceo. La mayoría de los adolescentes dicen que empezaron a hacer dieta por el deseo de perder peso, comer más sano o mejorar el rendimiento en un deporte. Unos pocos adolescentes empiezan a consumir menos calorías al servicio de ser "buenos", como lo definen utilizando una formulación ascética del tipo "Cuanto menos consumes, mejor eres".

Todas estas motivaciones para hacer dieta comparten algunas características comunes. Por ejemplo, cada una de ellas implica una noción de superación personal, en particular mejoras concretas y externas y, por tanto, perceptibles para los demás: tener mejor aspecto, rendir más, estar más sano. Sin embargo, también hay diferencias entre estas motivaciones para hacer dieta. El énfasis en una apariencia delgada sugiere una conexión con las normas sociales de belleza, mientras que la mejora en el rendimiento de un deporte, en la salud o en la moralidad se relaciona más directamente con el perfeccionismo, el impulso y la ambición. Estas últimas cualidades parecen ser rasgos de personalidad comunes en los niños que desarrollan trastornos alimentarios. Independientemente de la motivación, las dietas suelen comenzar de manera informal.

El niño puede empezar suprimiendo los postres y los tentempiés, pero con el tiempo también se eliminan las carnes y otras proteínas, las grasas y los azúcares. Una vez que se han reducido las opciones de alimentos, los esfuerzos de la dieta se centran normalmente en reducir las cantidades de alimentos consumidos incluso dentro de esta gama limitada de opciones. A menudo, el recuento detallado de calorías, la medición exacta y la preparación elaborada de los alimentos se convierten en la norma. En este punto, los adolescentes pueden intentar apartarse de la compañía de los demás mientras comen, preparar las comidas independientemente de los demás y, a veces, cocinar comidas y postres elaborados para los demás sin comer ellos mismos.

Junto a esta restricción extrema de alimentos, se suele emplear un programa de aumento del ejercicio para garantizar una pérdida de peso continuada. Llegados a este punto, los objetivos de peso que se hayan establecido inicialmente suelen haberse superado con creces, y el objetivo de perder peso en sí mismo está firmemente establecido. A veces, pueden comenzar los vómitos autoinducidos o el uso de píldoras dietéticas y laxantes en un intento de purgar las pequeñas porciones consumidas.

Para un niño que se encuentra en el camino hacia un trastorno alimentario, comer se asocia a menudo con la culpa, la ansiedad y la ira. No comer, por el contrario, se asocia con sentimientos de logro, poder y fuerza. Paradójicamente, con el aumento de la pérdida de peso, las señales de hambre disminuyen, lo que facilita el proceso de restricción alimentaria continuada.

No obstante, la mayoría de los adolescentes con anorexia siguen estando extraordinariamente preocupados por la comida. Algunos visitan supermercados y panaderías para ver y oler la comida, pero se abstienen de comerla. Los padres pueden notar que empiezan a desarrollar rituales alimentarios inusuales, como comer sólo en determinados cuencos o platos, pesar y medir los alimentos con precisión, utilizar palillos, etc. El periodo de tiempo durante el cual se produce esta cascada de acontecimientos es variable, pero puede ser tan corto como 4-6 semanas o tan largo como un año o más. En algún momento de este proceso, en las niñas que han comenzado la menstruación, es probable que ésta cese.

3

El Fracaso De Las Dietas Y La Sobrealimentación: El Camino Hacia La Bulimia Nerviosa

Los episodios de atracones y purgas suelen comenzar un poco más tarde que las dietas extremas de la anorexia nerviosa. Sin embargo, los adolescentes que se dan atracones y se purgan suelen contar con una larga historia de preocupación por el peso. Algunos dicen que recuerdan haberse preocupado por su peso desde el jardín de infancia.

Algunos eran leve o moderadamente obesos durante la primera infancia y recuerdan que se burlaban de ellos. A menudo, estos adolescentes han experimentado con diversas dietas durante breves períodos, para luego abandonarlas.

. . .

Muchos informan de que, en respuesta a las dietas severas y a los comportamientos de ayuno, desarrollan un impulso de comer en exceso y se sienten cada vez más fuera de control cuando comen.

Una vez que han comido en exceso, se sienten culpables y ansiosos y, como resultado, buscan formas de aliviar su miedo a ganar peso.

Esto lleva a la purga en sus diversas formas. La mayoría de las veces, la purga se lleva a cabo mediante el vómito, pero también puede incluir el uso de laxantes, diuréticos y ejercicio compensatorio.

Los adolescentes con bulimia nerviosa, al igual que sus homólogos adultos, afirman que en gran medida su autoestima depende de sentirse satisfechos con su peso y su aspecto. A menudo, estos adolescentes informan de que desayunan o almuerzan muy poco, pero que al volver a sus casas después de la escuela, se dan un atracón. Este es un momento en el que suele haber poca supervisión de los padres y los atracones pueden producirse en secreto.

. . .

Además, los atracones pueden convertirse en una forma de afrontar los sentimientos de soledad, aburrimiento y ansiedad. Por otra parte, algunos adolescentes afirman que se dan atracones por la noche, otro momento en el que es menos probable que se les observe.

La mayoría de los adolescentes, al igual que los adultos, que padecen bulimia nerviosa manifiestan intensos sentimientos de vergüenza por estos comportamientos.

A medida que el trastorno se afianza, los adolescentes empiezan a organizar sus vidas en torno a la gestión de los atracones y las actividades compensatorias relacionadas con ellos. Se vuelven más irritables y se alejan de sus amigos y familiares. A menudo, su trabajo escolar disminuye.

También manifiestan un estado de ánimo cada vez más deprimido. Una vez que estos patrones alterados de alimentación están firmemente establecidos y se extienden en el adolescente, los atracones y las purgas se convierten en una forma conveniente de evitar otros problemas y pueden incorporarse cada vez más a las estrategias de afrontamiento del adolescente. Estos factores se combinan para hacer que la bulimia nerviosa sea sorprendentemente resistente al cambio, incluso cuando alguien está motivado para hacer ese esfuerzo. Además, a veces los adolescentes con bulimia nerviosa informan de un historial de otros comportamientos impulsivos, como el consumo de alcohol y el robo en tiendas.

La primera de las siguientes listas contiene elementos a los que debe estar atento si cree que es posible que su hijo esté desarrollando o tenga un trastorno alimentario. Si están presentes, entonces querrá ejercer una vigilancia adicional para ver si estas señales de advertencia son realmente indicaciones de que su hijo está desarrollando un trastorno alimentario que necesita evaluación y tratamiento.

La segunda lista incluye elementos que, si están presentes, sugieren que debe tomar medidas inmediatas para que su hijo sea evaluado y tratado.

SEÑALES DE ADVERTENCIA DEL DESARROLLO DE UN TRASTORNO ALIMENTARIO

- Libros de dietas
  - Evidencia de haber visitado sitios web pro-anorexia o de desórdenes alimenticios

- Comportamiento de las dietas
- Decisión repentina de hacerse vegetariano
- Aumento de la exigencia en la alimentación, especialmente si se comen sólo "alimentos saludables".
- Ir siempre al baño inmediatamente después de comer
- Múltiples duchas en un día (para purgarse en la ducha), especialmente justo después de comer
- Número inusual de episodios de gripe estomacal
- Saltarse las comidas
- Faltan grandes cantidades de alimentos

SIGNOS Y SÍNTOMAS PARA ACTUAR INMEDIATAMENTE

- Ayunar y saltarse comidas regularmente
- Negarse a comer con la familia
- Dos saltos de regla (en las chicas) junto con la pérdida de peso
- Cualquier episodio de atracones
- Cualquier episodio de purga
- Descubrimiento de pastillas para adelgazar o laxantes
- Ejercicio excesivo (más de una hora al día) y pérdida de peso

- Rechazo persistente e incesante a comer alimentos no dietéticos
- Negarse a permitir que otros preparen los alimentos
- Contar las calorías o controlar las porciones de forma extrema (pesando y midiendo las cantidades de comida)
- Negarse a comer con los amigos

Si en este punto ha determinado que necesita que su hijo sea evaluado por un trastorno alimentario, querrá consultar a alguien que sea experto en estos problemas. Esto suele significar alguien que no sea un pediatra o un médico de familia, la mayoría de los cuales han tenido poca formación o experiencia con los trastornos alimentarios.

Ciertamente, todos estos profesionales habrán oído hablar de los trastornos alimentarios y muchos habrán tenido alguna experiencia limitada, pero la mayoría no sabe cuándo se necesita un experto y pueden tranquilizar involuntariamente a los padres, más allá de lo que deberían, sobre la no necesidad de ayuda.

Esto no significa que deba dejar de lado a su pediatra o médico de cabecera para acudir a un experto en trastornos alimentarios, sino todo lo contrario. Un médico puede descartar otras causas de los problemas de su hijo, lo que debería acercarlo a saber si es probable que se trate de un trastorno alimentario. El pediatra debe poder obtener el peso y la altura exactos de su hijo y realizar un examen físico, que incluya la solicitud de análisis de laboratorio básicos, para descubrir condiciones médicas fácilmente identificables que puedan estar causando los problemas que usted observa: pérdida de peso inexplicable, pérdida de la menstruación u otros síntomas físicos como mareos o desmayos.

Este examen también puede revelar pruebas de que el problema de su hijo es más urgente de lo que usted pensaba.

Si, por ejemplo, resulta que su hijo tiene la tensión arterial baja, la frecuencia cardíaca baja o signos de purga grave (erosión del esmalte dental, glándulas salivales inexplicablemente hinchadas, pérdida de peso inexplicable), sabrá que ha hecho bien en actuar ahora. En algunos casos, cuando un adolescente ha desarrollado estos problemas, es necesaria la hospitalización.

. . .

Un examen médico básico para un adolescente con un trastorno alimentario incluiría lo siguiente: un examen físico completo para detectar signos de inanición grave (por ejemplo, evaluación del peso en relación con la altura, presión arterial baja, frecuencia cardíaca baja, piel seca, temperatura corporal baja), así como pruebas de funcionamiento del hígado, los riñones y la tiroides.

Estos exámenes ayudan a evaluar el grado de la enfermedad y su cronicidad, así como a descartar otras posibles razones orgánicas de la pérdida de peso, como la diabetes, la enfermedad tiroidea o los cánceres. Entre las pruebas de laboratorio más habituales se encuentran un recuento sanguíneo completo, un electrocardiograma, estudios de electrolitos, BUN (nitrógeno ureico en sangre) y creatinina, estudios tiroideos y una prueba de gravedad específica de la orina.

Su pediatra debería poder explicarle la finalidad de cada una de estas pruebas, ayudarle a entender cualquier resultado de laboratorio inusual y alertarle si hay alguna causa para una intervención médica inmediata.

Suponiendo que tu hijo no esté demasiado enfermo y que no haya otro problema médico que sea claramente la causa de los problemas con la alimentación, deberás proceder a una evaluación por parte de un experto en trastornos de la alimentación en niños y adolescentes. Por eso debes aprovechar esta cita con el pediatra para averiguar qué tipo de experiencia ha tenido con los trastornos alimentarios. Puede requerir un poco de tacto y habilidad, pero si conoces al médico bastante bien, probablemente encontrarás la manera de hacer estas importantes preguntas:

•¿Ha visto a muchos adolescentes con trastornos alimentarios?

•¿Qué recomienda en cuanto a tratamiento (tanto médico como psicológico)?

•¿A quién remite a sus pacientes y por qué?

•¿Qué éxito cree que han tenido sus pacientes con el tratamiento?

Si su pediatra resulta no ser un experto, puede tomar medidas para encontrar uno. Hay que tener en cuenta que los pediatras a veces son reacios a derivar a estos especialistas porque no están seguros de si los cambios en las conductas alimentarias se deben a problemas emocionales o simplemente a la experimentación adolescente normal del desarrollo. Además, debido a que un adolescente con un trastorno alimentario a menudo niega o minimiza los síntomas, los médicos a veces no obtienen la historia completa del adolescente. Puede ser útil repasar las listas de señales de advertencia presentadas anteriormente para animar a su pediatra a realizar una derivación si ha observado alguno de los comportamientos de la lista "Actúe ahora" en su hijo.

Una derivación del médico de atención primaria o del pediatra suele permitir la cobertura total del seguro para la evaluación psiquiátrica de su hijo, por lo que obtener esta derivación en lugar de buscar un experto por su cuenta es importante también por esta razón. Lamentablemente, programar dicha evaluación puede ser más complicado de lo que debería debido a los procesos del seguro y a la limitada disponibilidad de expertos en trastornos alimentarios.

Aun así, estos obstáculos suelen superarse con persistencia y una derivación de un pediatra que especifique la necesidad de la consulta.

4

Qué Hacer Para Obtener Ayuda

La mayoría de los adolescentes con trastornos alimentarios no quieren ayuda, al menos al principio. Se ven a sí mismos como si hubieran elegido manejar un problema con el peso y, aunque reconozcan algunos problemas con su dieta, generalmente prefieren que se les deje solos para que lo resuelvan ellos mismos. Desgraciadamente, las descripciones de casos como los que acaba de leer dejan bastante claro que muchos adolescentes no encuentran una salida lo suficientemente pronto como para evitar que se produzcan problemas graves. Eso deja en manos de los padres la tarea de poner las cosas en marcha antes.

Esto es más fácil de decir que de hacer. Por lo tanto, existen al menos dos problemas a los que los padres se enfrentan de inmediato al intentar ayudar a su hijo con un trastorno alimentario: (1) cómo hacer que su hijo sea evaluado por un trastorno alimentario y (2) a quién y qué buscar en términos de evaluación.

Cómo conseguir que su hijo se someta a una evaluación

Antes de adentrarse en el reto de conseguir que su hijo acepte una evaluación, asegúrese de que usted y su cónyuge (si hay dos padres) están de acuerdo en que hay un problema que exige una evaluación. Pero incluso estando de acuerdo en que hay un problema, muchos padres difieren sobre qué hacer al respecto. Utilizar las pautas que ofrecemos en nuestras listas de señales de alerta puede ayudar a que ambos vean las cosas de la misma manera. E incluso si uno de los padres es reacio a avanzar, el padre más preocupado puede tener que tomar la iniciativa al principio para poner las cosas en marcha. Siempre que el otro progenitor no manifieste una oposición activa, puede ser el punto de partida de algunas familias.

Una vez que esté de acuerdo en que su hijo necesita una evaluación profesional, es importante que le haga saber que está planeando buscarla. Presentarle la evaluación, lo cual puede ser tentador porque sabe que puede resistirse a ir, puede ser contraproducente porque hace más probable que se niegue a cooperar con el entrevistador. Además, creemos que es importante ser honesto y franco con sus preocupaciones. Engañar a su hijo sobre lo que está haciendo dificulta el desarrollo de la confianza y, en última instancia, la necesitará si quiere tener éxito. Aun así, decirle a su hijo que está planeando buscar ayuda profesional suele provocar un alboroto.

Prepárese para que su hijo intente disuadirle de realizar la consulta. Puede que su hijo se oponga a faltar a la escuela para acudir a la cita o que le diga que tendrá que faltar al trabajo, pero usted debe mantenerse firme.

La importancia que le dé a esta cita transmite un mensaje que será clave para que siga siendo activo en el control del problema de su hijo. Ciertamente, hemos tenido padres que han "arrastrado" a su hijo a una evaluación con nosotros, pero esto no es la norma. En cambio, un mensaje claro de que el pediatra ha hecho esta derivación, que usted está preocupado y que esta visita ayudará a aclarar la situación suele ser suficiente para que el niño vaya a la clínica del experto. Después, los expertos tienen que hacer su trabajo para proporcionar una evaluación útil y un conjunto de recomendaciones de tratamiento.

A quién y qué buscar en una evaluación

. . .

En realidad, según nuestra experiencia, el segundo problema -obtener una buena evaluación de un trastorno alimentario en un niño o adolescente- es, en cierto modo, el mayor problema de los dos que se enfrentan una vez que se ha decidido que se necesita ayuda. Muchas comunidades no cuentan con recursos para ayudar a diagnosticar y tratar a los niños y adolescentes con trastornos alimentarios, especialmente con profesionales que estén al día en las mejores técnicas y enfoques.

Está claro que no podemos resolver este problema con este libro, pero esperamos que, desde el principio, al enfatizar la gravedad de los problemas que causan los trastornos alimentarios, podamos alentar a los padres a hacer un esfuerzo para buscar expertos regionales en el área, incluso si no están disponibles a nivel comunitario. Comparamos los trastornos alimentarios con cualquier otro problema médico grave -como la leucemia o las enfermedades cardíacas- para el que a menudo es necesario viajar un poco más lejos a centros especializados para la consulta y la evaluación y el tratamiento inicial para lograr los mejores resultados.

Una vez que se ha realizado la derivación y un experto apropiado ha aceptado reunirse con el paciente y los padres, la evaluación probablemente comenzará con el encuentro del clínico a solas con el adolescente. Esto proporciona una entrada apropiada para el desarrollo de la familia que respeta la autonomía en desarrollo del adolescente. El adolescente debe esperar ser entrevistado con apoyo y calidez, y el clínico debe minimizar las presunciones de comprensión. Las preguntas abiertas sobre la familia, el trabajo escolar, los intereses y las actividades se utilizan para romper el hielo con los adolescentes reticentes. Las preguntas abiertas también proporcionan una oportunidad para que la adolescente, cuando esté dispuesta, ofrezca su propia perspectiva sobre lo que le ocurre y lo que le motiva y exprese cualquier nivel de malestar que experimente con la alimentación.

Este enfoque abierto también es importante porque no dar por sentado que se entiende lo que está sucediendo, pero sí tener claro lo que debe explorarse, es la forma más objetiva de reunir información en una entrevista clínica.

Es importante, por supuesto, que la entrevista se centre en las conductas y los problemas alimentarios, pero la mayoría de los médicos se darán cuenta de que hay una cantidad significativa de otra información relevante que recoger. Esta otra información incluye cosas como problemas médicos, otros problemas de comportamiento (con los adolescentes esto incluye el uso de drogas y alcohol), perspectivas sobre otros miembros de la familia y cualquier historia de traumas o abusos. La entrevista identifica cualquier historia de preocupación por el peso y la forma o la salud que haya precedido al inicio de las dietas u otros esfuerzos conductuales para cambiar el peso y la forma. Se preguntará a los adolescentes sobre su exposición a los desencadenantes comunes de las dietas y las preocupaciones por el peso, como los mencionados anteriormente: escuchar comentarios (positivos o negativos) sobre su peso, experimentar el inicio de la menstruación, salir con alguien, estar involucrado o expuesto a conflictos familiares, comenzar la escuela secundaria o el instituto, romper con una pareja romántica, observar que otros comienzan a hacer dieta en casa o en su círculo social, etc.

El clínico debe recopilar una historia detallada sobre los esfuerzos de su hijo por perder peso.

Algunos ejemplos de estos comportamientos son el recuento de calorías, la restricción de la ingesta de grasas, el ayuno, la omisión de comidas, la restricción de la ingesta de líquidos, la restricción de la ingesta de carne y proteínas, el aumento o el exceso de ejercicio, los atracones, los comportamientos de purga (ejercicio, uso de laxantes o diuréticos) y el uso de estimulantes y píldoras dietéticas (artículos de venta libre, productos alimenticios saludables y productos ilegales). Los adolescentes que se dan atracones y se purgan suelen pasar por un ciclo que lleva a aumentar la frecuencia de las dietas, seguido de atracones y purgas compensatorias.

Las personas con anorexia o bulimia nerviosa pueden darse atracones y purgarse. Sin embargo, los que tienen un peso extremadamente bajo y restringen su alimentación son más propensos a llamar "atracón" a una cantidad de comida mucho menor que los adolescentes de peso normal que se dan atracones y se purgan.

También deben evaluarse las consecuencias para la salud de estos comportamientos. Los adolescentes con trastornos alimentarios suelen referir dolor de pecho, mareos, dolores de cabeza, desmayos, debilidad, falta de concentración, dolor de estómago y abdominal y pérdida de la menstruación. En el caso de los que padecen bulimia nerviosa, también son frecuentes el dolor de garganta, las regurgitaciones involuntarias, la rotura de los vasos sanguíneos del ojo y la inflamación de las glándulas del cuello.

Como los trastornos alimentarios suelen ir acompañados de trastornos de ansiedad, depresión, trastornos de la personalidad o trastorno obsesivo-compulsivo, el entrevistador preguntará también por los síntomas de estos trastornos.

Además de las áreas específicas de los problemas alimentarios, las entrevistas incluirán una evaluación de otros posibles factores que contribuyen al desarrollo del trastorno, como el abuso físico y sexual, los traumas y las pérdidas emocionales y físicas. Algunos elementos de este aspecto de la entrevista serán necesariamente privados y su contenido no se compartirá con ustedes como padres a menos que esté justificado.

Después de la entrevista con el adolescente, normalmente se le entrevistará a usted sin que su hijo esté presente. Si son dos, ambos deben estar presentes. Por lo demás, sus respectivas perspectivas sobre su hijo y su familia no están disponibles. Se le preguntará sobre el desarrollo general de su hijo -complicaciones durante el embarazo, alimentación temprana, hitos del desarrollo, transiciones a la escuela preescolar y a la escuela primaria, aspectos del apego (como problemas de separación cuando dejó a su hijo en la escuela preescolar, comportamiento excesivamente pegajoso o irritable cuando se separó de su hijo, rechazo a pasar la noche con amigos por miedo a separarse de usted), temperamento temprano y rasgos de personalidad, problemas familiares durante la infancia, y relaciones con los compañeros y hermanos.

Su perspectiva sobre quién es su hijo y cómo puede haber llegado a tener este problema crea una atmósfera de comprensión compartida y, a menudo, facilita que el clínico proceda a la historia específica de los problemas de alimentación y peso que le han llevado a la consulta.

A continuación, se le preguntará cómo vio que se desarrollaba el problema: ¿Cuándo percibió el problema por primera vez? ¿Qué ha intentado hacer para ayudar? ¿Ve otro tipo de problemas emocionales o de desarrollo, como depresión o ansiedad, problemas con los compañeros u otros cambios de comportamiento en su hijo? Es probable que en la evaluación se compare la información obtenida durante la entrevista con el adolescente con la versión de los hechos de los padres y se exploren tanto los puntos comunes como las diferencias. En conjunto, estas diferentes perspectivas ayudan a generar una narración más completa de los eventos que condujeron y mantuvieron los problemas alimentarios actuales.

A veces, los médicos que tratan los trastornos alimentarios solicitan la consulta de un dietista con experiencia en el trabajo con trastornos alimentarios. A veces los dietistas calculan el peso corporal ideal (PCI), que se deriva de las normas de peso para la altura en el grupo de edad del paciente. Alternativamente, pueden calcular el índice de masa corporal (IMC), definido como (peso en kilogramos dividido por la altura en metros)

2. De cualquier manera, estos pesos sirven como guía general para determinar un rango de peso razonable para la recuperación. Esto puede ser útil para aclarar el grado de pérdida de peso que ha experimentado su hijo y lo alejado que está de las normas de crecimiento y peso esperadas para la edad, madurez y altura del niño. Los dietistas también pueden proporcionar asesoramiento educativo a usted, a su hijo adolescente y a sus médicos sobre la necesidad de una nutrición adecuada para la salud.

5

Los Retos De Diagnosticar Un Trastorno Alimentario

AL FINAL de una consulta adecuada, si se justifica, su hijo probablemente recibirá un diagnóstico de uno de los principales tipos de trastornos alimentarios. Sin embargo, es posible que la evaluación conduzca a un diagnóstico de otro problema que inicialmente se parecía, pero que no es un trastorno alimentario. A veces, el miedo a atragantarse puede llevar a negarse a comer, y esto también puede parecerse a la anorexia. En este caso, los tratamientos apropiados serían para otras condiciones -depresión y ansiedad- más que para un trastorno alimentario.

Los diagnósticos se realizan para ayudar a los clínicos a decidir las mejores recomendaciones de tratamiento para problemas específicos.

. . .

Para que entienda lo que el clínico evaluador quiere decir al emitir un diagnóstico de su hijo, creemos que es importante que conozca cómo se describen los trastornos alimentarios en el Manual diagnóstico y estadístico de los trastornos mentales de la Asociación Americana de Psiquiatría, la referencia estándar para diagnosticar problemas psiquiátricos en Estados Unidos.

Los diagnósticos de los trastornos alimentarios se solapan

Los trastornos alimentarios son de tres tipos principales: anorexia nerviosa, bulimia nerviosa y trastorno alimentario no especificado. Hay diferencias entre estos tres, pero también tienen muchas características comunes. Más adelante estudiaremos con más detalle estas similitudes y diferencias. Lo importante es saber primero que a veces es difícil para un médico saber desde el principio cuál de los tres diagnósticos de trastornos alimentarios será el más preciso, ya que con el tiempo hasta un tercio o la mitad de los pacientes pueden ser diagnosticados con dos o más de los diferentes tipos de trastornos alimentarios. Por lo tanto, un buen clínico explicará las características que se superponen y las que distinguen a los tipos de trastornos.

. . .

Los criterios de diagnóstico se basan en las características de los adultos con trastornos alimentarios

Los pacientes, y los adolescentes en particular, no se ajustan necesariamente a los criterios de un manual de diagnóstico.

El Manual Diagnóstico y Estadístico de los Trastornos Mentales (también conocido como DSM) ha pasado por cuatro iteraciones completas en 30 años y es probable que siga evolucionando. Esto se debe a que el DSM se basa en un mayor conocimiento clínico sobre el aspecto real de las enfermedades mentales. El DSM, en general, toma a los adultos como modelo de cómo se presenta una enfermedad mental (las excepciones incluyen el trastorno por déficit de atención/hiperactividad, los trastornos generalizados del desarrollo y el trastorno negativista desafiante, que son enfermedades que suelen aparecer durante la infancia). En el caso de los trastornos alimentarios, el modelo utilizado es claramente el de los adultos. Queremos enfatizar aquí algunos de los problemas a los que se enfrentará un niño pequeño con un trastorno alimentario debido a la falta de sensibilidad al desarrollo en el DSM.

. . .

En primer lugar, los criterios de peso del 85% del IBW o del 17,5 del IMC son problemáticos para los niños mayores y los adolescentes porque a menudo todavía están creciendo.

Los cálculos utilizados para derivar estas normas son difíciles de aplicar con precisión en niños que resultan ser inusualmente altos, en niños y en niñas que aún no han alcanzado el inicio de la menstruación, lo que conduce a subestimaciones y sobreestimaciones. La cuestión es que el uso de los pesos percentiles puede no ser la mejor manera de identificar al niño que tiene un problema alimentario grave de tipo anoréxico. Muchos pacientes que comenzaron a hacer dietas serias cuando tenían un sobrepeso significativo están tan preocupados y obsesionados por continuar con una pérdida de peso poco saludable como aquellos que alcanzan más fácilmente estos percentiles más bajos. En esos casos, suele ser sólo cuestión de tiempo hasta que alcancen esos pesos más bajos, pero también es un tiempo precioso que se ha perdido cuando el tratamiento debería haber comenzado.

Además de los problemas con los criterios de pérdida de peso, los criterios menstruales (es decir, la ausencia de tres ciclos consecutivos) son difíciles de aplicar en adolescentes más jóvenes que han menstruado pero que a menudo no han establecido firmemente los ciclos periódicos. Además, no existe un equivalente para los varones.

El miedo a ganar peso es también uno de los rasgos cardinales de la anorexia nerviosa en el DSM. Sin embargo, en el caso de los pacientes más jóvenes, suele estar menos claro qué motiva su alimentación restrictiva, y muchos informan no tanto del deseo de perder peso como del deseo de estar más sanos, de rendir más en el deporte o la danza, o de ser mejores personas consumiendo menos. En estos casos, sus comportamientos hablan más claramente que sus intenciones declaradas.

Además, los pacientes más jóvenes tienden a no informar de sus problemas con la percepción de su cuerpo, sino que niegan, con sus acciones y a veces con sus palabras, la gravedad de su bajo peso actual.

Los criterios para la bulimia nerviosa no permiten ni siquiera las pocas concesiones al desarrollo para ajustar las diferencias de edad que se hacen para la anorexia nerviosa.

Tal vez el problema más importante de estos criterios para los adolescentes con conductas de atracones y purgas sea el requisito de intensidad (por ejemplo, una media de dos veces por semana) y la duración de los síntomas (por ejemplo, durante 3 meses). Estos requisitos se aplican razonablemente a los pacientes de más edad y más crónicos, pero plantean problemas importantes para los adolescentes con conductas de atracón y purga en las primeras fases de la enfermedad.

Los síntomas de este tipo en los adolescentes pueden ser intermitentes, con intensidades variables durante períodos más breves, y luego quiescentes. Además, un enfoque ligeramente exagerado en el peso y la forma puede ser algo normal para muchos adolescentes, así como hacer dieta y experimentar con diversas estrategias para perder peso como resultado. Para los padres, el problema es que estos criterios sugieren que cuando un niño no cumple estas definiciones exactas el problema puede no ser grave.

Debido a que el DSM actual no logra captar el desarrollo temprano de los trastornos alimentarios graves, muchos niños y adolescentes suelen clasificarse mejor en la tercera categoría -trastorno alimentario no especificado o EDNOS- si se utilizan las definiciones estrictas de anorexia y bulimia nerviosa. Esto puede ser útil o confuso, dependiendo de su perspectiva. Para los padres, el EDNOS puede parecer vago y, por tanto, insatisfactorio; cuando uno está preocupado por su hijo, quiere las respuestas más definitivas posibles.

Para los médicos, el diagnóstico puede parecer impreciso y, por lo tanto, no es tan útil como guía para el tratamiento correcto.

Sin embargo, si se adopta una visión más amplia de los trastornos alimentarios y se observa lo que tienen en común la anorexia y la bulimia nerviosa y los EDNOS, en lugar de centrarse en lo que los diferencia, el diagnóstico de EDNOS puede ser el más completo y, por lo tanto, permite a los médicos tratar los elementos comunes de todos los trastornos alimentarios, como el énfasis excesivo en la importancia del peso y la figura para la autoestima y la búsqueda de la delgadez a través de dietas excesivas y otros procedimientos destructivos para perder peso.

Desde esta perspectiva, todas las personas con trastornos alimentarios comparten las siguientes características: un patrón de alimentación gravemente anormal, una actitud o conjunto de creencias anormales sobre la comida, el peso y/o la figura, un grado de disfunción emocional, social o conductual resultante de estas conductas y actitudes (problemas significativos en la escuela, el trabajo, el funcionamiento social o familiar) y la evidencia de que es muy poco probable que estas conductas y actitudes cambien sin intervención. Este fue ciertamente el caso de Tony, que recibió un diagnóstico de EDNOS inicialmente, pero que podría haber desarrollado anorexia o bulimia nerviosa con el tiempo si sus padres no hubieran conseguido ayuda desde el principio. Los EDNOS pueden ser tan graves como la anorexia nerviosa o la bulimia nerviosa. El hecho de que alguien no encaje en las cajas no significa que el problema no sea tan grave.

Desgraciadamente, algunos padres y médicos pasan por alto este hecho y retrasan el tratamiento a pesar de que las pruebas son convincentes de que ya existen grandes problemas con la alimentación.

En resumen, las categorías de diagnóstico tradicionales actuales de anorexia y bulimia nerviosa se aplican sólo a algunos de los niños y adolescentes que presentan problemas alimentarios lo suficientemente graves como para justificar la ayuda profesional. Sin embargo, el sistema de diagnóstico actual es lo que usted enfrentará cuando intente comprender si su hijo puede tener un trastorno alimentario y qué tipo de trastorno.

. . .

Por lo tanto, es importante que tenga en cuenta estas limitaciones, ya que sugieren que el diagnóstico por sí solo puede ser insuficiente para guiarlo en la comprensión de lo que debe hacer. Sin embargo, como mostramos a lo largo de este libro, cada vez hay más pruebas de que su participación activa es clave para resolver muchos de los problemas que estos trastornos tienen en común.

Aunque se enfrentará al dilema de cómo empezar, tal y como hemos descrito aquí, debería tener menos dudas sobre cuándo actuar. Ahora es el momento. Lo único de lo que puede estar seguro es que una vez que los trastornos alimentarios se establecen, no abandonan su firme control emocional y físico sobre su hijo. Sabemos que tanto en el caso de la anorexia como en el de la bulimia nerviosa, cuanto más tiempo se padezca la enfermedad, más difícil será su tratamiento. En el caso de la anorexia, por ejemplo, tenemos pocas pruebas de que haya tratamientos eficaces después de que alguien haya estado enfermo durante más de unos años. En el caso de la bulimia, sabemos que un curso crónico, en el que los síntomas van y vienen durante períodos de varios años, es un patrón común cuando la enfermedad no se trata. Un retraso en la toma de medidas sólo facilita una mayor habituación a estas enfermedades, lo que dificulta el éxito en la ayuda a su hijo. Por tanto, ¡actúe ya!

6

Cómo Aplicar El Enfoque Familiar Al Tratamiento De Los Trastornos Alimentarios

"Lo hemos intentado todo. Intentamos dejarla decidir.

Intentamos obligarla a comer. La hemos amenazado. La hemos castigado. Nada funciona".

Esto es lo que solemos escuchar de los padres que acaban de recibir la noticia de que asumirán la responsabilidad directa de hacer que su hijo vuelva a tener patrones alimentarios normales. Si usted participa en una forma de tratamiento que le pide que se haga cargo de normalizar la conducta alimentaria de su adolescente -como la terapia familiar ideada por el grupo Maudsley-, es posible que al principio se sienta perplejo y dudoso, y tal vez incluso frustrado por la petición. Los padres nos dicen que no saben cómo conseguir que su hijo o hija coma, ni lo suficiente ni con regularidad.

Naturalmente, esto es una fuente de exasperación y frustración creciente para ellos.

También puede parecer que la situación está creando una gran brecha entre los padres y el niño que no quiere comer o que quiere purgarse. Muchos padres acaban sintiendo que están luchando no sólo contra esta enfermedad, sino también contra el niño al que intentan ayudar desesperadamente.

En este capítulo y en el siguiente analizamos la variedad de formas en las que usted puede involucrarse de manera práctica para ayudar a su adolescente con diversos problemas relacionados con los trastornos alimentarios. Este capítulo se centra en el enfoque de tratamiento orientado a la familia, que informa gran parte de la premisa básica de este libro, en el que se le pide que sea directamente responsable de cambiar las conductas relacionadas con la alimentación en el hogar. Si su hija o hijo está recibiendo un tipo de tratamiento diferente que no le pide que asuma esta responsabilidad -o que incluso la desalienta- usted puede y debe seguir participando en la recuperación de la salud de su hijo.

Tanto si el patrón alimentario anormal está relacionado con la anorexia como con la bulimia, le sorprenderá el éxito que puede tener para ayudar a su hijo sin recurrir a amenazas, castigos o reprimendas.

La palanca que tienen como padres y que nadie más tiene es su amor y compromiso con sus hijos. Esta es una poderosa palanca.

Como es natural, usted está preocupado por la salud y el bienestar de su hijo, y esto puede hacerle sentir inseguro sobre lo que debe hacer. Un cierto grado de ansiedad es bueno -ayuda a impulsar la acción- pero un exceso de ansiedad puede abrumar e inmovilizarle. Es innegable que encontrar formas de ayudar a su hijo a comer con normalidad es un reto. Es posible que intente cosas que no funcionen bien. Por ejemplo, algunos padres intentan "colar" mantequilla u otras grasas en los alimentos. Esto parece una buena idea desde el punto de vista nutricional, pero suele llevar al niño a desconfiar de ti. Hemos comprobado que es mejor ser muy claros y específicos en cuanto a las expectativas, así como muy directos al exponerlas. Éste es sólo un ejemplo de los principios que podemos ofrecer para guiarle a la hora de idear sus propias formas de ayudar a su hijo adolescente a empezar a comer de nuevo de forma saludable. A lo largo de este capítulo nuestro objetivo será ayudarle a ganar confianza en su capacidad para manejar este problema, como ha manejado tantos otros dilemas de la paternidad, aliviando así la ansiedad.

La ansiedad excesiva sólo hace que los padres duden, lo que conduce a otro problema. Su falta de confianza e incertidumbre a menudo se percibe como una falta de decisión.

Esto alienta a su hijo a resistirse aún más debido al control que el trastorno alimentario tiene sobre él. Como hemos dicho antes, no dudes.

Actúa ahora.

7

Algunos Principios Fundamentales

Como ocurre con muchos problemas de comportamiento en los niños, aquí se aplican algunas pautas fundamentales.

En primer lugar, elabore un planteamiento para ayudar a su hijo a comer con normalidad que pueda llevar a cabo. No sirve de mucho decir que comerá con su hijo todas las comidas si está trabajando todo el día y no puede estar allí.

En segundo lugar, sea razonable en sus expectativas, tanto de usted como de su hijo, para lograr cambios de comportamiento. Cambiar los comportamientos llevará algún tiempo; prepárese para ser paciente. En tercer lugar, utilice estrategias que respeten a su hijo, pero evite sucumbir a las presiones para que abandone sus expectativas. Esto significa recordar que su hijo tiene una enfermedad y que no controla totalmente su pensamiento y sus acciones.

Además, significa ser comprensivo y afectuoso, en lugar de crítico y castigador. En cuarto lugar, asegúrese de contar con el apoyo, tanto de otros familiares y amigos como de los profesionales, porque esto va a ser difícil a veces. Si el reto no fuera difícil, este tipo de acción por tu parte no estaría justificada para empezar. Por último, asegúrese de no rendirse demasiado pronto. A veces, el éxito temprano lleva a bajar la guardia demasiado pronto, permitiendo que el problema alimentario resurja.

Cuando se trate de un tratamiento tipo Maudsley, se aplicarán los siguientes principios específicos:
- Trabaja con expertos que sepan cómo ayudarte.
- Trabajen juntos en familia.
- No culpes a tu hijo o a ti mismo de los problemas que tienes. Culpa a la enfermedad.
- Céntrate en el problema que tienes delante.
- No discuta con su hijo sobre sus preocupaciones relacionadas con la alimentación o el peso.

- Saber cuándo empezar a retroceder.
- Cuida de ti mismo. Usted es la mejor esperanza de su hijo.

El resto de este libro está dedicado a examinar cada uno de estos principios por separado. Para ilustrarlo, describimos las experiencias de muchas de las familias a las que hemos ayudado a tratar, además de seguir a Carla, de 15 años, mientras ella y su familia asumen el reto de luchar juntos contra la anorexia nerviosa, a lo largo del capítulo.

Carla era una adolescente muy centrada. Su padre, Bill, era contable, y su madre, Susan, era agente inmobiliaria.

También tenía un hermano de 17 años, Todd, que iba al mismo instituto. Carla siempre había sido una excelente estudiante, aunque también era algo tímida socialmente.

Empezó a hacer dieta en su primer año porque creía que podría "mejorar" si estaba más en forma y saludable. A medida que perdía peso, algunas amigas comentaban que tenía "muy buen aspecto", lo que hizo que Carla se sintiera más aceptada y querida. Sin embargo, al cabo de unos meses los padres de Carla se alarmaron por su pérdida de peso. Ahora pesaba 80 libras y medía 1,5 metros. Cuando sus padres la llevaron al pediatra, éste remitió a Carla y a sus padres a un terapeuta familiar, que utilizó un tratamiento familiar en el que se pedía a Bill y Susan que asumieran la responsabilidad inicial de volver a alimentar a Carla.

8

Trabaje Con Expertos Que Sepan Cómo Ayudarle

Al principio de este libro hablamos de la importancia de la evaluación y el tratamiento por parte de expertos. Esto es particularmente importante si vas a estar a cargo de cambiar directamente las conductas de los trastornos alimentarios en tu hogar. A estas alturas ya sabes que entender los trastornos alimentarios no es una cuestión sencilla. Por lo tanto, cuanta más experiencia tenga tu experto en ayudar a familias con estos problemas, más profunda será su comprensión de las complejidades de estos trastornos. Y cuanto más profundo sea el conocimiento del experto, más ayuda recibirá para perfeccionar su propia comprensión de por qué puede tener dificultades para cambiar la conducta alimentaria de su hijo.

. . .

Aunque creemos firmemente que usted tiene las habilidades para ayudar a su hijo o hija con un trastorno alimentario, aplicar esas habilidades de manera efectiva suele requerir ayuda.

Un experto consulta con usted sobre lo que está haciendo y le aconseja examinar lo que funciona y lo que no.

Un experto con mucha experiencia puede ofrecerle consejos sobre cómo mejorar sus esfuerzos actuales o qué considerar cuando sienta que se ha topado con un muro.

Al mismo tiempo, un experto puede ayudarle a entender mejor el pensamiento de su hijo. Esto es importante, porque al principio a su hijo le parecerá que el terapeuta está "de su lado" y en su contra. Al ayudarle a entender mejor la enfermedad, el terapeuta demuestra al niño que comprende su experiencia, lo que le inspira mayor confianza y cooperación con el tratamiento a lo largo del tiempo.

El terapeuta experto también entenderá que cada familia es diferente y tiene su propio estilo de autogestión y resolución de problemas. Un terapeuta experimentado será capaz de identificar los hilos comunes que unen a todas las familias que luchan contra los trastornos alimentarios sin imponer recomendaciones de talla única. Los detalles sobre los antiguos pacientes de un terapeuta y los ejemplos que ofrecemos en este capítulo no necesariamente serán completamente transferibles a su propia familia. Ahí es donde entra en juego su terapeuta. Él o ella está ahí para ayudarle a hacer que estos principios sean pertinentes y particulares para su familia.

Trabajar juntos en familia

Según nuestra experiencia, los padres han probado muchas cosas en sus esfuerzos por ayudar a su hijo o hija a cambiar los patrones alimentarios autodestructivos de la anorexia o la bulimia; sin embargo, normalmente no han probado ninguna de ellas de forma consistente, con confianza y con un claro compromiso por parte de ambos padres.

Tras su primera reunión de terapia familiar, Bill y Susan, padres de Carla, se sentían abrumados y desconcertados. El terapeuta les había dicho que buscaran la manera de hacer que Carla comiera. Bill se sentó con Carla y le preguntó qué comería. Carla dijo que comería arroz y verduras al vapor.

. . .

Susan dijo que quería que comiera un trozo de pollo. Carla se negó.

Susan le dijo que debía comerlo. Esto dio lugar a una pelea a gritos que terminó cuando Carla abandonó la mesa sin comer nada.

Cuando la terapeuta de Carla se reunió con la familia a continuación, escuchó atentamente lo que había sucedido.

En primer lugar, preguntó a sus padres si estaban de acuerdo en que Carla debía comer el pollo además del arroz y las verduras. Estuvieron de acuerdo. Sin embargo, Bill dijo que no podía soportar todos los gritos que se producían y que se alegraba de que Carla comiera cualquier cosa. Para el terapeuta era evidente que, aunque Bill y Susan estaban de acuerdo en lo que había que hacer, no tenían el mismo umbral de lo que eso significaba. El terapeuta explicó que era precisamente este tipo de "brecha" en el plan lo que permitía que el trastorno alimentario se colara y redujera su eficacia. El terapeuta sugirió que Susan y Bill trabajaran juntos para perfeccionar su plan e incluir cuál sería el umbral para comer lo suficiente y qué harían para cumplirlo.

Desordenes Alimenticios durante la Adolescencia

. . .

Al día siguiente, Bill y Susan salieron a tomar café. Acordaron que Carla tenía que comer pollo además de arroz y verduras. También acordaron que tendría que comer una pechuga, pero le permitirían elegir cómo prepararla. Sin embargo, ellos, y no ella, la prepararían.

Lo que hicieron Bill y Susan fue dar un primer paso hacia la identificación de una solución para romper el control que la anorexia tenía sobre Carla. Habría muchos más pasos en su lucha. Hay muchas formas en las que los padres pueden parecer que trabajan juntos, pero a la hora de la verdad, no lo hacen. A menudo, incluso pueden trabajar con propósitos opuestos.

Sin embargo, por el momento, es importante darse cuenta de lo importante que es que usted y el otro padre de su hijo o cualquier otro adulto de la casa presenten un frente unido para tratar de restablecer el comportamiento alimentario normal. Por ejemplo, la madre de Dinah la obligaba a comer con diligencia, pero su padre, que creía que permitir a Dinah hacer ejercicio la motivaría a comer, la llevaba a correr o al gimnasio la mayoría de las noches, lo que efectivamente minando cualquier aumento de peso, ya que con este ejercicio gastó más calorías de las que ingirió. Ninguno de estos padres estaba "equivocado", pero como no conectaron las dos partes del plan, no tuvieron éxito en el trabajo conjunto.

A la madre de Nora le molestaba hacer cualquier tipo de realimentación directa y se enfadaba por ello, aunque le confesaba a su marido que estaba detrás del esfuerzo. La madre de Nora "estaba cerca" durante las comidas, pero no observaba realmente si Nora estaba comiendo. Nora lo sabía y fácilmente tiraba la mayor parte de su comida a la basura. Así, a todos les parecía que la falta de progreso de Nora era inexplicable.

De nuevo, ninguno de los padres de Nora estaba equivocado. Simplemente no habían estado de acuerdo con el enfoque del tratamiento. Resultó que la madre de Nora sentía que su marido la había intimidado para que se sometiera a este tipo de tratamiento y no había querido enfrentarse a él directamente.

El padre de Diana había abandonado a la familia cuando ella era sólo un bebé. Tampoco había otra familia extensa cerca, así que Diana y su madre estaban muy unidas. En el caso de la madre de Diana, el conflicto era con ella misma. Por un lado, sentía que tenía que evitar que su hija se purgara todos los días, pero por otro, se sentía tan mal por "vigilar y controlar" a su hija adolescente que se encontraba cediendo e "ignorando" los signos evidentes de que Diana se purgaba.

Los impulsos mixtos de la madre de Diana son muy comprensibles. Como ya hemos hablado, la persona que padece un trastorno alimentario suele demostrar un pensamiento perfectamente normal en la mayoría de los ámbitos, excepto en lo que respecta a la comida y al peso. Los padres han descrito la hora de la comida como algo similar a ver cómo una "niebla" se extiende sobre la personalidad y el pensamiento de su hijo. El adolescente parece perfectamente normal, pero cuando se espera que consuma los alimentos que los padres han designado como apropiados, surgen la ira, el resentimiento y los comportamientos extraños. Es muy confuso ver que su hijo piensa y actúa racionalmente y luego se vuelve irracional, muy emocional o retraído a la hora de comer. Esta confusión puede llevar a la incertidumbre y a la ambivalencia sobre sus esfuerzos para volver a alimentar a su hijo o para prevenir los atracones y las purgas. Al igual que la madre de Diana, es posible que termine dudando sobre lo que debe hacer.

Lamentablemente, la indecisión deja espacio para que el pensamiento de los trastornos alimentarios se deslice y se afiance, como mencionamos anteriormente. Los sentimientos como los que experimentó la madre de Diana socavan el éxito de tomar el control e intervenir o de identificar un enfoque de tratamiento diferente (véase el próximo capítulo) que podría ser más coherente con una fuerte aversión a controlar al niño con el trastorno alimentario.

No excluya a los hermanos

Tus otros hijos son otro recurso que puede ayudar a vencer los trastornos alimentarios. Tus propios hermanos son las personas con las que probablemente tengas una relación más larga en tu vida, y esto es igual de cierto para tu hijo.

Lo demuestren o no, los hermanos suelen verse afectados cuando uno de los suyos tiene un trastorno alimentario. A veces son conscientes del problema antes que tú. Sin embargo, a menudo se sienten confundidos, agobiados por una obligación mixta de proteger y ayudar a su hermano.

. . .

También pueden estar enfadados con el hermano o hermana que padece un trastorno alimentario por "causar todos estos problemas" a la familia.

En la terapia, los hermanos pueden ayudar a apoyar a su hijo o hija con un trastorno alimentario.

En primer lugar, con sólo venir al tratamiento, los hermanos expresan su interés y preocupación. Es cierto que, al principio, pueden venir sólo porque usted los obliga. Sin embargo, con el tiempo también se benefician al ver cómo la familia en conjunto puede ser un recurso para superar un problema, en este caso un trastorno alimentario. Los hermanos menores, de 5 a 6 años, pueden no entender todo lo que está sucediendo, pero el terapeuta les pedirá que hagan algo amable por su hermana o hermano, como hacer una tarjeta o realizar una tarea que normalmente haría ese hermano. Los hermanos mayores pueden llevar a su hermano o hermana a una excursión para ayudar a distraer a su hermano de sentirse miserable por comer y ganar peso o para evitar que el hermano se purgue. De estas formas, y de muchas otras, los hermanos pueden ayudar a facilitar el proceso de cambio de las conductas alimentarias problemáticas en el hogar.

. . .

Por supuesto, a veces los hermanos pueden ser poco útiles. Mónica y Delfina eran gemelas que siempre habían competido entre sí. Cuando Mónica empezó a hacer dieta y perdió un poco de peso, Delfina tuvo que ir más allá. Cuando Delfina desarrolló anorexia, Mónica fue todo menos un apoyo. Sentía que tenía que ser una "anoréxica aún mejor" que su hermana.

En este caso, la continua competencia por el peso y la apariencia hizo imposible ver a toda la familia junta. En su lugar, el terapeuta trabajó sólo con los padres y apoyó a cada hija por separado mientras los padres trabajaban para ayudar a ambas. A veces, los hermanos pueden seguir insultando sobre el peso y ridiculizando a sus hermanas, aunque normalmente aprenden a dejar de hacerlo. Es útil entender qué hay realmente detrás de estos comportamientos. ¿Son celos? ¿Miedo o preocupación? ¿O es la evidencia de una relación insalvable? Su terapeuta debería ayudarle a averiguar qué hay detrás del comportamiento y cuál es la mejor manera de afrontarlo. En cualquier caso, como padre o madre, debes actuar para detener este tipo de comportamiento porque socavará tu éxito.

9

No Culpe A Su Hijo Ni A Usted Mismo

Es MUY difícil no responsabilizar a su hijo o hija cuando lo que ve ante usted es un niño que parece negarse obstinadamente a comer. Sin embargo, al igual que sabemos que no es útil que usted se sienta culpable de causar un trastorno alimentario, es evidente que tampoco es útil culpar a su hijo.

Recordar que tu hijo tiene una enfermedad que amenaza su vida y que distorsiona su pensamiento y su experiencia sobre su peso y su forma puede, a veces, mantener tu propio pensamiento más claro sobre la situación. Aun así, esto es complicado, porque, por supuesto, su hijo está ahí, delante de usted, y es su voz diciendo "no" y su negativa a adherirse a comportamientos alimentarios razonables lo que está causando el problema. Sin embargo, también es evidente que se siente miserable y que no puede complacerte a ti ni a ella misma en este dilema. Para explicarlo mejor, volvamos a la familia de Carla.

En su siguiente reunión, los padres de Carla se quejaron al terapeuta de la gran resistencia que oponía Carla a comer y de lo enfadados que estaban con ella. La terapeuta expresó su simpatía por las dificultades que estaban teniendo, pero les recordó, dibujando en la pizarra un diagrama de Venn de círculos que se cruzan, lo diferente que era la visión que Carla tenía del mundo a través de la lente de la anorexia nerviosa. Luego les recordó que normalmente no era útil culpar a Carla por su preocupación por la pérdida de peso.

Tenía una enfermedad que le impedía ver las cosas de la misma manera que los demás. La terapeuta ayudó a la familia a ver hasta qué punto la anorexia estaba eclipsando lo que Carla era en realidad: no podía participar en la escuela ni en la vida social, todo su tiempo lo dedicaba a preocuparse por el peso y la comida, y había perdido por completo el sentido del humor. Sin embargo, la terapeuta señaló que una cosa era comprender su situación, pero otra era permitir que siguiera pasando hambre.

. . .

Volvió a encargarles que encontraran una forma de ayudar a Carla a comer y a luchar contra la anorexia. Mantener la enfermedad separada de Carla era más difícil de lo que parecía. Esto fue duro para Susan, que aún luchaba por dejar de ver el trastorno alimentario de Carla como algo "voluntario", pero lo intentaría. Bill también estuvo de acuerdo en que, por muy duro que fuera escuchar los lamentos de Carla, no saldría de la habitación.

Cuando llegó la hora de la cena, Susan y Bill pusieron en el plato de Carla la carne que esperaban que comiera. Carla se levantó inmediatamente y abandonó la mesa. Con calma, la siguieron a su habitación, le llevaron la cena y se sentaron junto a ella en la cama. Le explicaron con delicadeza que sabían que esto era duro para ella, que la querían y que estarían allí para ayudarla. Estuvieron sentados durante una hora y Carla seguía negándose a comer. Susan empezó a enfadarse y Bill le preguntó si tal vez quería tomarse un descanso y volver en un minuto. Susan pensó que era una buena idea y así lo hizo. Carla se puso a llorar y dijo que se le había estropeado la cena. Bill le explicó que él la calentaría y ella podría comerla. Carla comió algunos bocados y se metió en la cama. Sus padres le explicaron que no iban a renunciar a ella y que estaban contentos de que hubiera comido algo de su cena con ellos. Su madre dijo: "Sé lo difícil que fue para ti comer eso porque la anorexia es muy poderosa. Seguiremos intentándolo".

Es importante entender que Carla y su familia estaban empezando a trabajar juntos en su anorexia. En este punto, Bill y Susan habían determinado que su apoyo y estímulo eran la respuesta correcta al consumo mínimo de Carla en esta comida. Esto no significa que permitirían que Carla siguiera comiendo muy poco para recuperar el peso o incluso para mantenerla. Un aspecto importante en la lucha contra el trastorno alimentario es establecer consecuencias por no comer, como se analiza más adelante en este capítulo.

Establecer consecuencias no sólo sirve como incentivo para que el niño coma, sino que también les da a los padres otra forma de responder a la falta de comida que no sea enojarse y caer presa del instinto de culpar al niño por la enfermedad.

Tiene mucho sentido responsabilizar a un adolescente sano de su propio comportamiento. Incluso tiene sentido responsabilizar a un adolescente con trastornos alimentarios por un comportamiento que no tiene nada que ver con el peso o la comida. Pero cuando se trata de patrones de alimentación y ejercicio en un niño con anorexia o bulimia, es fundamental recordar que hay que separar la enfermedad del niño. Por muy racional que parezca, por muy comprometida que esté con sus creencias sobre la alimentación y el peso, tu hija no es realmente responsable de lo que dice y hace con respecto a la comida si tiene un trastorno alimentario. Cuando hablas con ella sobre estos temas, es el trastorno alimentario el que te responde. Y es el trastorno alimentario el que debes designar como tu enemigo, nunca tu hijo o hija.

Naturalmente, a muchos padres les cuesta recordar que "No, no voy a comer" no proviene de la misma fuente que "No, no creo que deba tener un toque de queda". Sin embargo, un conocimiento profundo de las distorsiones cognitivas puede ayudarte a tener claro que estás luchando con una enfermedad y no con tu hijo o hija.

El padre de Mike entraba en una diatriba cada vez que encontraba pruebas de que su hijo seguía vomitando. Cuando el padre de Mike se enfadaba, se volvía crítico y hostil y Mike se sentía atacado. Esto hizo que Mike se esforzara más por ocultar el hecho de que aún no había dejado de purgar por completo. Esto dificultó que su familia viera los progresos que estaba haciendo o que viera dónde estaba teniendo dificultades continuas. Esto significaba que no podían ayudarle con la misma eficacia.

El enfado puede desconcertarte y hacerte más difícil saber que el problema es la enfermedad y no tu hijo. Cuando ayude a su hijo a comer, el enfado interferirá definitivamente en su éxito. Otra forma de separar la enfermedad del niño es tener en cuenta que su hijo no elige realmente estar enfermo, aunque lo parezca. Puede haber poca motivación para recuperarse en el niño con anorexia nerviosa, pero es la enfermedad la que es tan recalcitrante, más que su hijo.

Ciertamente, purgarse es frustrante porque a muchas personas les parece un derroche y una suciedad. Sin embargo, la mayoría de los niños que se purgan se sienten atrapados en ello por sus preocupaciones y ansiedades sobre el peso y han quedado atrapados en un ciclo crónico del que no saben cómo salir. Tener en cuenta estos hechos puede ayudarte a contener tu ira.

. . .

También puede ayudar que intentes recordar que es difícil que tu enfado con la enfermedad no sea percibido por tu hija como un enfado con ella, por ser voluntariosa, desagradecida o difícil y frustrante.

Aun así, es comprensible tu enfado por tener que asumir este problema. Desde luego, usted no se lo merece y su hijo tampoco. Para evitar que su enfado le desborde o que lo descargue en su hijo, es importante reconocer los signos de que esto puede estar ocurriendo. Puede notar que su paciencia es escasa, que está nervioso, que su tono de voz está teñido de sarcasmo o que se irrita por cosas que normalmente dejaría pasar. Cuando veas que esto es así, tómate un descanso. Busca a alguien con quien hablar.

Aléjate. De lo contrario, tu enfado puede deshacer gran parte del buen trabajo que has hecho.

Como hemos señalado, no hay muchas pruebas de que usted sea el culpable del trastorno alimentario de su hijo.

Sin embargo, cada vez hay más pruebas de que puedes ser parte de la solución, independientemente de la causa del trastorno alimentario, pero sólo si no te sientes culpable e impotente. Sentirse culpable es especialmente problemático cuando se trata de empezar.

Culparse a sí mismo lleva a muchas dudas y vacilaciones de tu parte, lo que le da al trastorno alimentario espacio para maniobrar y escabullirse.

Beatriz estaba segura de que sus propias luchas por el peso y las dietas eran la causa de la bulimia que padecía su hija de 15 años. Consideraba que era un engaño pedirle a su hija que comiera con regularidad cuando ella misma había hecho dieta durante tantos años mientras su peso era un yoyó.

Beatriz tenía razón: probablemente no le serviría de nada hacer dieta o preocuparse por su propio peso cuando su hija tenía problemas. Pero había una diferencia. Beatriz nunca había desarrollado un trastorno alimentario, mientras que su hija sí. Al culparse a sí misma y no hacer lo que podía para ayudar a su hija, Beatriz estaba permitiendo que la bulimia se apoderara más de su hija. Su terapeuta familiar señaló que Beatriz dudaba y no seguía el control de su hija por culpa. En última instancia, esto era más perjudicial que cualquier cosa que hubiera hecho antes, porque ahora su hija necesitaba su ayuda. Beatriz decidió que, aunque se sintiera culpable, no dejaría que eso interfiriera en la ayuda a su hija. Descubrió que ayudar a su hija en realidad disminuía su sentimiento de culpa, especialmente cuando su hija también empezó a responder.

10

Centrarse En El Problema Y Las Soluciones

Como hemos sugerido antes, es fácil distraerse y dejarse llevar por el camino de la primavera si se dedica mucho tiempo a intentar averiguar por qué su hijo ha desarrollado un trastorno alimentario. Pero también hay muchas otras formas de perder el rumbo. Mantenerse enfocado en el problema -conductas y creencias alimentarias desordenadas- es un desafío. Para mantenerte enfocado, es imperativo que hagas de la modificación de la alimentación desordenada tu prioridad, que estés disponible para intervenir para cambiar las conductas, que establezcas un patrón regular de alimentación y que descubras formas de ampliar las opciones de alimentos, ya sea que tu hijo tenga anorexia o bulimia. Al mismo tiempo, es importante determinar cuándo es razonable permitir el ejercicio, para evitar los atracones y las purgas, y saber cuándo las cosas van lo suficientemente bien como para empezar a dar un paso atrás y devolver el control sobre la alimentación a su hijo.

Examinemos cada uno de estos aspectos para ver cómo mantener la concentración.

Hacer del cambio de la alimentación desordenada su principal prioridad

Hacer de la modificación de los trastornos alimentarios una prioridad parece fácil, pero en la práctica las familias descubren que es más difícil de lo esperado. En la mayoría de las familias, muchas distracciones pueden interferir y lo hacen.

Las exigencias del trabajo, las tareas domésticas, las necesidades de otros miembros de la familia, etc., suelen acaparar la atención. Por ejemplo, la familia de Laura estaba dividida entre sus necesidades y las de sus dos hermanos. Como padres, sentían que era injusto prestar una atención tan desproporcionada a Laura y sus problemas. Bueno, era injusto, pero Laura estaba tan desnutrida que su vida y su futuro pendían de un hilo. Su terapeuta ayudó a los padres de Laura a aceptar el hecho de que esta atención adicional a Laura era necesaria, pero también a ver que era limitada en el tiempo.

El padre de Jorge, de trece años, estaba dividido entre las necesidades de su hijo y su exigente trabajo. Como director general de una gran empresa, el padre de Jorge viajaba fuera del estado casi semanalmente.

Tal vez porque la madre de Jorge estaba libre para quedarse en casa y ayudar a su hijo a luchar contra la anorexia, su padre seguía haciendo del trabajo su primera prioridad. El terapeuta de la familia no tardó en intervenir y en argumentar de forma persuasiva la necesidad de que toda la familia hiciera de la modificación del trastorno alimentario de Jorge su prioridad número uno. El padre de Jorge pudo reprogramar muchos de sus próximos viajes y delegar su función en otras personas de la empresa.

Las exigencias de muchas profesiones pueden ser apremiantes. Y, a diferencia de la familia de Jorge, muchas familias sufrirán económicamente cuando los padres se tomen un tiempo para ayudar a su hijo a volver a comer con normalidad. Pero por el bien de la supervivencia y la recuperación de la salud del niño, los padres que se responsabilizan de los comportamientos alimentarios de su hijo tienen que poner ese objetivo por encima de todos los demás. Además, hacer este tipo de esfuerzo intensivo puede parecer costoso al principio, pero a la larga puede evitar la necesidad de servicios aún más caros como el tratamiento hospitalario o residencial.

Es tarea de tu terapeuta ayudarte a mantener esta prioridad en el foco y en la mira.

Puedes tener la tentación de desviarte hacia otras "cuestiones interesantes", como, por ejemplo, por qué surgió el trastorno alimentario en primer lugar, o encontrar "obstáculos inevitables" para hacerse cargo, pero estas distracciones sólo le apartarán del trabajo que debe hacer en este momento: conseguir que su hijo coma con normalidad.

Estar disponible

A estas alturas, sin duda, ya te estás haciendo una idea: Es probable que usted y/o su cónyuge tengan que estar disponibles para todas las comidas y meriendas para controlar la alimentación, al menos durante varias semanas. Esto supone un gran ajuste para muchos padres, que no han estado presentes en el desayuno y la comida, o incluso en la cena en algunos casos, a veces durante muchos años, debido a los horarios de trabajo o de la escuela. Aceptar este requisito significa que tendrá que hacer ajustes en su vida personal y laboral. Si las exigencias de tu horario parecen onerosas, recuerda que el hecho de que un trastorno alimentario sea una enfermedad psiquiátrica no significa que no sea grave.

Como hemos demostrado, consideramos que estas enfermedades están al mismo nivel que cualquier enfermedad física. Merecen la misma atención que le darías a un niño después de una cirugía, un accidente u otro problema médico grave.

Aunque fue una decisión difícil, Bill y Susan se tomaron varias semanas de vacaciones para ayudar a Carla.

Discutieron los pros y los contras de esta medida, pero al final decidieron que era necesario utilizar las bajas por enfermedad y las vacaciones de esta manera, ya que ahora reconocían lo gravemente enferma que estaba Carla. A Bill le costó más al principio y su jefe era menos comprensivo que el de Susan. Bill le llevó a su jefa información sobre los trastornos alimentarios y el tratamiento que utilizaban. Esto la ayudó a apreciar la gravedad de la enfermedad de Carla y la preocupación de Bill, así como su necesidad de estar más tiempo fuera del trabajo.

. . .

No des por sentado que no podrás negociar un acuerdo justo con tu empleador. Tomar una breve licencia médica es una buena idea, porque presentar un frente unificado en todas las comidas es potencialmente más poderoso, pero en términos prácticos puede que tengas que comprometerte.

Piensa en cómo puedes ajustar tu horario para poder estar presente en el mayor número de comidas posible. Tal vez los dos puedan planear estar presentes en el desayuno y la cena, pero tendréis que alternar los días de descanso para estar presentes en la comida y la merienda. Una solución común en las familias biparentales es dividir los horarios de las comidas, pero esto hace que cada uno de ustedes tenga que luchar solo contra el problema en diferentes comidas.

Esto puede crear muchas oportunidades para que los padres se desvíen y hagan cosas diferentes en sus respectivos horarios de comida con el niño, con el resultado de que el trastorno alimentario detecta una oportunidad de deslizarse a través de la grieta en el frente unificado. Por eso, te recomendamos que intentes resolver desde el principio cómo ambos pueden estar presentes en todas las comidas, al menos durante las primeras semanas.

Si tienes que dividir la tarea, ten en cuenta cosas como si uno de vosotros es más "mañanero" que el otro; en ese caso, se podría asignar al más madrugador la tarea de asegurarse de que desayuna. Si sólo uno de vosotros puede estar disponible durante el día, ese podría ir a la escuela a la hora de la merienda y el almuerzo. Algunos padres han conseguido que un orientador o una enfermera del colegio coman con su hijo o hija, pero esto suele ser apropiado sólo después de que haya pasado algún tiempo, una vez que usted tenga un plan que en general esté funcionando y que esté obteniendo suficiente cooperación de su hijo para intentarlo (al final de este capítulo hay más información sobre cómo determinar cuándo puede dar un paso atrás).

Si no tienes un cónyuge, puede ser importante contar con la ayuda de otro familiar adulto. Esto puede ser eficaz incluso cuando hay dos padres disponibles, como ocurrió con Sarah, cuyos padres trabajaban, pero su abuela -que era la principal cocinera de la casa, en cualquier caso- estaba disponible a todas las horas de las comidas.

. . .

Puede parecer que su mera presencia no va a suponer una gran diferencia en cuanto a la alimentación de su hijo, pero sí lo hará. Estar presente proporciona un apoyo emocional y estructural, así como un estímulo para comer. Por supuesto, este apoyo y este estímulo no se le darán a tu hijo a menos que él también esté presente en todas las comidas. A veces, esto significa una baja en la escuela o en el estudio en casa durante varias semanas, tomada como una baja médica. Esta suele ser la estrategia preferida, como lo fue en el caso de Carla.

Susan pidió al pediatra de Carla que escribiera una nota para excusar a Carla de la escuela durante varias semanas debido a su fragilidad médica y psiquiátrica. Como esto era claramente apropiado, el pediatra proporcionó la nota y las tareas escolares de Carla fueron llevadas por un profesor a domicilio semanalmente. Carla se opuso a este acuerdo al principio, alegando que perdería demasiado trabajo. Sus padres señalaron que en ese momento la prioridad era su salud, no sus tareas escolares. Aunque también apoyaban los logros académicos de Carla, dijeron que éstos serían irrelevantes si no se recuperaba de la anorexia nerviosa. Este plan permitió a Carla y a la familia centrarse en la alimentación y no en las presiones sociales y académicas de la escuela.

. . .

Como se ha señalado anteriormente, a veces los padres pueden asistir a la escuela durante la hora de la comida o trabajar con la escuela para desarrollar un horario flexible durante unas semanas que permita comer en casa.

Es comprensible que a la mayoría de los adolescentes no les guste que sus padres se presenten en la escuela para comer con ellos. Sin embargo, es un recordatorio del coste de la enfermedad para ellos que aprecian fácilmente, por lo que a veces es una motivación adicional para que el niño vuelva a comer con normalidad. Sin embargo, estar en casa para todas las comidas puede enviar un mensaje claro sobre la importancia de la salud de su hijo en relación con el trabajo académico en este momento, dejando claro cuál es la prioridad número uno. Tendrá que decidir cuál será un incentivo más poderoso para su hijo y ayudarle a hacer los cambios necesarios.

Aunque este ejemplo se centra en la necesidad de controlar la alimentación en el caso de la anorexia, es igual de importante que los niños con bulimia coman con regularidad, como hemos subrayado; de lo contrario, será más probable que se den un atracón y luego se purguen. Por lo tanto, su ayuda para asegurarse de que la alimentación se controla a lo largo del día es importante tanto para la anorexia como para la bulimia.

· · ·

Además de los padres y el adolescente con trastornos alimentarios, los hermanos y otros miembros de la familia que viven en casa también deben estar disponibles para las comidas. Que toda la familia coma junta en la medida de lo posible marca la diferencia, porque así su hijo o hija sabe que todos intentan ayudarle.

Como padres, ayudan asegurándose de que se preparan y consumen los alimentos y las cantidades adecuadas. Los hermanos ayudan a aliviar la tensión y el estrés de intentar comer y contribuyen a que la hora de la comida sea más normal. También distraen al niño con trastornos alimentarios, hasta cierto punto, para que no piense sólo en lo que tiene que comer. También pueden apoyarla si se enfada o se molesta por sus exigencias de comer.

Todd, de 17 años, había tenido una relación relativamente estrecha con su hermana Carla cuando eran más jóvenes, pero ahora estaba bastante ocupado con su propia vida. Al principio le molestaba tener que estar en casa para cenar. Su entrenador le dijo que podría tener que dejar su equipo de baloncesto si se perdía demasiados entrenamientos, que a menudo se prolongaban hasta la hora de la cena. Bill y Susan se esforzaron por acomodar el horario de Todd porque pensaban que era importante para ayudar a Carla.

. . .

Al principio, Carla ignoró a Todd, pero cuando vio que se esforzaba tanto por estar allí, acudió a él más a menudo en busca de apoyo cuando se sentía abrumada por las peleas con sus padres.

Es probable que las clases de ballet, el fútbol y los amigos, entre otras muchas distracciones, alejen a sus otros hijos de la mesa a la hora de comer, por lo que tendrá que argumentar con fuerza por qué es necesario que todos estén presentes y recurrir a la ayuda del terapeuta para apoyar su petición. Insistimos en que esta necesidad de estar juntos en la mayoría de las comidas no durará siempre, pero que es importante ahora porque un miembro de la familia está enfermo y necesita la ayuda de todos. Normalmente, cuando los hermanos se dan cuenta de la urgencia de conseguir que su hermano empiece a comer con normalidad o deje de purgarse, acceden. Pero, aun así, debes estar preparado para encontrar formas de satisfacer sus necesidades también. Una familia excusó a sus otros hijos de las cenas familiares dos noches durante la semana y de esta manera los ayudó a ser más solidarios y a estar menos resentidos por ayudar a su hermana con anorexia. Dependerá de ti determinar qué es posible, teniendo en cuenta la opción de dejar a un hermano fuera del plan durante un tiempo si ese niño está tan resentido por haber renunciado al tiempo o a ciertas actividades que su presencia en la mesa es completamente contraproducente.

Pero incluso en este caso, debes seguir animando a los demás hermanos a participar. Muchos acaban por cambiar de opinión. Por ejemplo, Darren, un niño de 10 años cuya hermana Terry padecía anorexia, persistía en burlarse de ella e insultarla, pero empezó a cambiar de opinión después de que sus padres reconocieran lo celoso que estaba del tiempo que pasaban con Terry y se esforzaran por atender también sus necesidades. Este es un problema común, especialmente con los hermanos menores, que al principio se sienten ansiosos y despreciados debido a la atención que recibe un hermano con un trastorno alimentario.

Puede ser difícil para los padres encontrar la manera de atender todas las necesidades de sus hijos a la vez, pero a menudo, el simple hecho de pasar un poco de tiempo centrado en los hermanos no afectados ayuda mucho a reducir la tensión y los celos.

Prepárate también para el hecho de que muchos hermanos no quieren participar porque simplemente creen que no saben cómo ayudar al principio. Con el tiempo, si se les anima, suelen encontrar formas de ayudar que se ajustan a sus relaciones con su hermano.

Al principio, Todd no sabía qué podía hacer para ayudar. Sin embargo, pronto quedó claro que no tenía que hacer nada dramático. Así que cada semana encontraba algo "bonito" que hacer por Carla. Por ejemplo, le pedía que jugara a un videojuego (de su elección) después de la cena o que viera un vídeo con ella. A medida que Carla mejoraba, él se ofrecía a ir a lugares con ella y la invitaba a sus juegos.

Esto era suficiente tanto para Carla como para Todd. Al estar en las comidas, Todd servía como una presencia reconfortante para su hermana y un recordatorio de que tenía una relación con alguien, además de con su trastorno alimentario.

Establecer un patrón de alimentación regular

Una vez que usted, su hijo con el trastorno alimentario y el resto de la familia puedan estar presentes durante la mayoría de las comidas, el siguiente desafío es estructurar esas horas de comida a lo largo del día.

. . .

Ya sea que el trastorno sea anorexia nerviosa o bulimia nerviosa, es imperativo que los horarios de las comidas sean regulares.

Nuevamente, esta práctica puede diferir mucho de lo que se hacía antes de que se desarrollara el trastorno alimentario.

En nuestras ajetreadas vidas, las comidas son cada vez más rápidas, se comen solas y a horas desordenadas. Según nuestra experiencia al entrevistar a las familias, no es raro que al principio del tratamiento las familias no tengan un patrón establecido para comer. Lo que era bastante normal para muchas de estas familias cuando sus hijos eran bastante jóvenes - tres comidas y dos o tres meriendas- ya no lo es.

Por lo tanto, al principio puede resultar difícil volver a establecer esta estructura de comidas, pero es esencial. En el caso de la anorexia nerviosa, el cuerpo necesita alimentarse regularmente para mantenerse físicamente. Pero, además, como te dirán muchos de los que padecen la enfermedad, si se saltan la comida durante varias horas, aumenta el deseo de continuar con el ayuno.

Para los que padecen bulimia nerviosa, saltarse las

comidas conlleva otro peligro: el aumento del riesgo de atracones debido al aumento del hambre, por lo que en ambos casos los horarios estructurados de las comidas promueven la normalización de los patrones alimentarios. En el caso de Carla, Susan y Bill establecieron horarios regulares para las comidas. El desayuno era alrededor de las 7:00 a.m., la merienda matutina alrededor de las 10:00 a.m., el almuerzo al mediodía, la merienda a las 3:00 p.m., la cena a las 6:00 p.m. y la merienda nocturna a las 9:30 p.m.

Es posible que te encuentres con algunas dificultades al intentar estructurar la alimentación. Los principales obstáculos suelen ser los horarios conflictivos del trabajo, la escuela y otras actividades de los hermanos o los padres. Una madre, enfermera que trabajaba en el turno de noche, solicitó un cambio de horario durante varios meses. Un padre que tenía un largo viaje matutino preparaba el desayuno para su mujer y su hijo y luego se lo dejaba. De este modo, podía contribuir a la comida de la mañana, aunque no estuviera allí.

Para entender la importancia de un horario regular de comidas, puede ser útil recordar cuando su hijo era un bebé y tenía que alimentarlo a intervalos regulares y cercanos para asegurar su salud y crecimiento. Para la mayoría de los padres fue una época agotadora y exigente, pero sólo duró un año, más o menos, en la mayoría de los casos. Eso es lo que tiene que ocurrir de nuevo aquí.

La diferencia es que entonces probablemente lloraba para hacerte saber que tenía hambre. Ahora su enfermedad le impide gritar.

En relación con la dificultad de establecer un calendario, un impedimento común son los viajes. Viajar durante la primera parte del tratamiento no suele ser una buena idea.

Los viajes suponen un cambio de horarios, comer en restaurantes y, a menudo, situaciones sociales estresantes para su hijo, que puede no estar preparado para ello, como fue el caso de Tamara.

Tamara quería ir a Nueva York a visitar a unos parientes.

Sabía que sería difícil, y prometió comer, pero cuando llegó a Nueva York se dio cuenta de que no podía. No se fiaba de los restaurantes y aún no estaba preparada para comer con nadie más que con su madre y su padre.

. . .

Cuando regresó, había perdido 2 kilos y estuvo a punto de tener que ser hospitalizada porque su ritmo cardíaco había bajado peligrosamente.

Incluso un viaje a un parque de diversiones concebido como una recompensa por el progreso puede causar problemas porque dicha recompensa, si se produce demasiado pronto, puede ser contraproducente. El éxito que ha permitido el viaje puede desaparecer rápidamente debido a la escasa disponibilidad de "alimentos seguros" y "situaciones seguras" para alguien que todavía está en los primeros pasos de la recuperación. No obstante, algunos viajes pueden ser necesarios. Cuando lo es, los padres han descubierto que deben estar preparados llevando una serie de alimentos por si se encuentran en situaciones en las que las opciones no son buenas o los restaurantes son demasiado difíciles. A veces esto significa una maleta extra, pero estar preparado bien vale la pena en general.

Una vez que su hijo está empezando a recuperarse, los viajes breves pueden ser una forma de evaluar el progreso y promover nuevos experimentos con la comida que desafíen las suposiciones distorsionadas sobre la alimentación, la comida y el peso, comunes tanto a la anorexia como a la bulimia. A menudo, una buena forma de empezar es visitar restaurantes locales "seguros" o "cómodos" para ver cómo se come en estos entornos.

Sin embargo, hay casos excepcionales en los que viajar ha sido útil incluso al principio del tratamiento.

Una familia que tenía enormes dificultades para estar juntos debido al trabajo y la escuela descubrió que cuando pasaron dos semanas en Hawaii, pudieron estar realmente disponibles y apoyar a su hija por primera vez. No comían mucho fuera. Sin embargo, cuando volvieron a la península, vieron los progresos que habían hecho, y esto les ayudó a motivarse para seguir adelante incluso cuando estaban en casa.

Ayude a su hijo a comer más

Al recuperarse de la anorexia nerviosa, a diferencia de la bulimia nerviosa, hay que comer no sólo con regularidad sino también mucho. Este suele ser el siguiente reto después de haber conseguido establecer un patrón de alimentación: cómo aumentar la cantidad que come el niño.

Utilizando su horario, Bill y Susan trataron de determinar lo que creían que Carla debía comer en cada comida y merienda. Al principio le pidieron al terapeuta que "nos dijera" lo que debía comer.

La terapeuta dijo que estaba segura de que encontrarían la forma de alimentar a Carla. Señaló que el hermano mayor de Carla, Todd, era un estudiante sano de último curso de secundaria. La terapeuta explicó que la razón por la que no podía "decirles" lo que debían hacer era que Bill y Susan eran los que tenían que llevar a cabo cualquier plan que se les ocurriera. La terapeuta dijo que estaría encantada de aconsejarles, basándose en su experiencia. Dijo que a veces los padres no apreciaban al principio cuánto más necesitaba comer su hijo con anorexia. Es importante recordar que para ganar peso hay que comer más que para mantenerlo.

Al igual que los padres de Carla, es posible que le resulte un reto decidir qué cantidad de alimentos proporcionar a su hijo con anorexia en cada comida. Los padres suelen subestimar la cantidad que necesita su hijo o hija para comer. A menudo escuchamos: "¿Cómo es posible que no esté ganando peso? Está comiendo más que yo". Pero lo que los padres a veces no ven es que una persona con anorexia nerviosa en realidad está quemando los alimentos con extrema rapidez, y no es posible avanzar hasta que se consumen cantidades bastante grandes.

Conseguir que su hijo coma más cuando cree que no quiere hacerlo es el núcleo del reto de recuperarse de la anorexia.

Hay muchas maneras de que los padres tengan éxito, pero primero deben establecer expectativas claras. Los padres de Verónica le preparaban las comidas y los tentempiés completos, basándose en las cantidades que creían que debía comer para recuperar su pérdida de peso. Le ponían en el plato los alimentos que debía comer. Ella no podía elegir en absoluto lo que comía ni la cantidad.

Sus padres sabían por experiencia que ofrecer a Verónica una opción la ponía en un aprieto que aún no podía resolver: abandonar la anorexia o mantenerla.

A Verónica no le gustaba esto, por supuesto, pero otra parte de ella se sentía algo aliviada de no tener que decidir. Si me obligan a comer, pensó, no puedo hacerme responsable.

Esto aliviaría temporalmente la ansiedad y el estrés que sentía por comer y ganar peso.

Los padres de Sarah lo hicieron de forma un poco diferente.

Consideraron que Sarah podía llenar su plato y elegir lo que quería comer, pero también dejaron claro que si consideraban que lo que elegía era insuficiente, le añadirían más.

Para algunos padres, ofrecer opciones limitadas funciona bien, siempre que sean ellos quienes decidan si la cantidad es suficiente.

Por supuesto, si bastara con establecer las expectativas adecuadas y llenar los platos, probablemente no necesitaríamos escribir este libro.

. . .

Además de proporcionar suficiente comida, hay que establecer consecuencias claras por no comer.

Verónica sabía que, si no comía, tendría que quedarse en su habitación, en su cama, donde podría leer o hacer los deberes, pero no se permitiría ninguna otra distracción. También sabía que, si persistía en no comer, sus padres la llevarían al pediatra, que en última instancia la ingresaría en el hospital si su ritmo cardíaco o su temperatura corporal eran demasiado bajos, donde tendría que permanecer hasta que mejorara. Sabía que, si eso ocurría, la obligarían a comer allí.

Como hemos mencionado antes al hablar de la culpa, establecer consecuencias puede ayudarle a evitar la trampa de responder con enfado al rechazo de la comida. Por eso, las consecuencias deben establecerse con bastante antelación, desde luego antes de que el plato esté en la mesa. De nuevo, cada familia debe decidir cuál es la mejor manera de imponer las consecuencias. Los padres de Sarah decidieron no imponer consecuencias por no comer una determinada cantidad en una comida individual. En su lugar, elogiaban a Sarah por lo que comía, ignoraban lo que no comía, pero dejaban claro que esperaban que lo hiciera mejor. Al final del día le dejaban claro a Sarah que, si no seguía ganando peso, tendrían que ser más estrictos. Esto significaba que le ofrecerían menos opciones y le darían menos libertad.

Un factor importante a tener en cuenta sobre las consecuencias es que, para la mayoría de las familias, éstas son realmente protecciones para el niño. Considerarlas de esta manera puede hacer que sea más fácil para ti imponerlas y para tu hijo aceptarlas. Cuando tu hijo está desnutrido, puede sonar y sentirse como un castigo para tu hija el tener que quedarse en la cama y descansar, pero cuando está desnutrido, también es necesario, para asegurarse de que no pierda más peso por el esfuerzo. Del mismo modo, mantener a tu hijo fuera de la escuela puede parecer injusto y contraproducente, pero la escuela, aunque es una fuente de logros para muchos, suele ser en realidad estresante y se suma a la carga de intentar luchar contra el pensamiento desordenado asociado a un trastorno alimentario.

Las consecuencias razonables y productivas también pueden ayudar a evitar castigos más severos, que rara vez son útiles. Los padres a veces consideran la idea de imponer castigos severos por no comer porque los trastornos alimentarios pueden ser enfermedades muy frustrantes. La mayoría de los padres evitan recurrir a estas medidas porque ya ven, correctamente, que su hijo es sensible y generalmente responde a correctivos más suaves, al menos en todo excepto en la alimentación. En la mayoría de los casos, incluso aquellos que prueban castigos más severos rápidamente los encuentran contraproducentes, lo que lleva a un endurecimiento de la decisión de su hijo contra sus esfuerzos por obtener la cooperación del niño.

Después de ser claro sobre lo que espera y lo que sucederá si no se cumplen sus expectativas, el siguiente desafío es mantenerse firme y ser tenazmente persistente. Aquí es donde debes superar el control voluntario que el trastorno alimentario tiene sobre tu hijo. Recuerda que tienes varias ventajas. En primer lugar, en situaciones en las que hay dos padres, al menos cuando trabajan juntos, su energía combinada puede frustrar el trastorno alimentario de manera más efectiva. En este caso, dos contra uno (cuando se trata de anorexia o bulimia) es un juego limpio. Además, eres mayor, más sabio y más experimentado.

Conoces a tu hijo y lo que le hace funcionar. Puedes utilizar esa información para crear poco a poco una motivación para luchar contra la anorexia en su interior. Además, aunque su hijo sea un adolescente, usted sigue contando con la autoridad legal y paterna. No son ventajas menores, ya que pueden permitirle tomar decisiones en nombre de su hijo incluso cuando el adolescente, debido a su enfermedad, se niega a cooperar con intervenciones como ir a terapia o ser ingresado en un hospital. Además, usted quiere a su hijo y su dedicación al bienestar de éste le proporciona una poderosa reserva de energía a la que puede recurrir cuando tenga problemas.

Sin embargo, a pesar de estas ventajas, deberás sobrevivir, superar y vencer al trastorno alimentario. Como cualquier plan, sólo es un plan hasta que se lleva a cabo. Aquí es donde los padres suelen tener más dificultades.

Quieren que sea más fácil, quieren que sea más corto y, a veces, quieren que lo haga otra persona. Llevar a cabo el plan y las consecuencias es el trabajo que hay que hacer, y no hay forma de evitarlo. Tu paciencia, energía y determinación se pondrán a prueba. Nos gusta recordar a los padres que los trastornos alimentarios no se desarrollan de la noche a la mañana, sino que comienzan, como describimos en el capítulo 1, de forma insidiosa y astuta. Nos gusta recordarles a los padres que los trastornos alimentarios deben ser derrotados de a poco.

Puede que te ayude pensar en la ejecución del plan como si se tratara de desbrozar un jardín muy crecido. Si al principio del día te centras en la cantidad de malas hierbas que hay y en el tiempo que te va a llevar y lo agotador que es el trabajo, te costará pasar los primeros metros. En cambio, si empiezas a desherbar, arrancando las malas hierbas una a una, y te centras en esa única mala hierba que está profundamente arraigada, y luego pasas a la siguiente, lenta pero perceptiblemente, avanzarás. Así que los padres de Julia se sintieron consternados y derrotados cuando sólo consiguieron que Julia comiera dos o tres bocados más de pescado insípido que el día anterior. Querían rendirse. Se sentían incompetentes y enfadados. El terapeuta que trabajaba con ellos les animó a verlo de otra manera. Les dijo: "Habéis conseguido que Julia coma tres bocados que de otro modo no habría comido. Es un gran comienzo. Si mañana come seis bocados, mejor aún. Aguanta".

Es difícil encontrar la línea que separa las expectativas y la flexibilidad para encontrar alternativas sin ceder a los desórdenes alimenticios. Sin abrumar por completo a tu hijo, tienes que hacer que sea imposible que el trastorno alimentario se cuele.

Durante los días siguientes, cada comida de Carla fue un calvario. Susan y Bill hablaron después de cada intento y trataron de encontrar nuevas formas de animar a su hija.

. . .

Primero, intentaron sobornarla: "Si te comes esto, te conseguiremos ese nuevo portátil". Carla comió, pero volvió a dejar de hacerlo en la siguiente comida. "No valía la pena", dijo. A continuación, intentaron hacerla sentir culpable.

"Mira qué disgusto tiene todo el mundo. Tu madre no puede dormir por las noches.

Estamos todos destrozados". Esto hizo llorar a Carla, que intentó comer, pero acabó sintiéndose peor. Lo que sí parecía funcionar era decir muy poco sobre comer o la comida. El hecho de animarla a seguir intentándolo y asegurarse de que descansaba y tenía poco estrés o distracciones parecía ser útil. Poco a poco, su paciencia y persistencia empezaron a dar resultados. La determinación de Carla de no comer empezó a desmoronarse lentamente ante su amorosa determinación.

Primero fue un bocado de pollo, luego media taza de leche, pero el progreso fue constante, y cuando la familia se reunió con el terapeuta y vio que Carla estaba ganando peso, aunque lentamente al principio, tuvieron su primer sabor de esperanza en muchos meses.

. . .

A menudo su hijo le dirá que está "demasiado lleno" o que le "duele el estómago" o que "no tiene hambre" y que "acaba de comer". En cierto modo, cada una de estas afirmaciones puede contener una pizca de verdad, pero se pierde el punto. En el caso de la anorexia nerviosa, es necesario comer más de lo habitual. En el caso de la anorexia, la comida es literalmente una medicina. Sin embargo, los padres pueden ayudar a sus hijos con estas dolencias hasta cierto punto. Unos padres descubrieron que a su hijo le ayudaba tomar un suplemento líquido rico en nutrientes (proteínas y ácidos grasos esenciales) como parte habitual de sus comidas, ya que le hacía sentirse menos lleno y reducía su malestar después de comer. También era una rica fuente de calorías. A otros padres les ha resultado útil asegurarse de que se come lo suficiente al principio del día para poder ser un poco más flexibles después. A veces, algo tan sencillo como una almohadilla térmica o una bolsa de agua caliente, un suave masaje en el cuello u otra actividad tranquilizadora ayuda, porque realmente no es el problema físico lo que está causando el malestar (aunque a tu hijo le parezca que sí), sino más bien el malestar emocional que siente por comer y la ansiedad que tiene por ganar peso lo que está en el origen de sus quejas.

A menudo utilizamos la metáfora de "subir una colina de arena" para describir cómo se debe proceder en este esfuerzo de realimentación. Al subir una colina de arena, hay que seguir subiendo la colina, o la arena suelta hará que se resbale hacia abajo. Si sigue subiendo la colina a un ritmo suficientemente rápido, verá que puede avanzar, con esfuerzo, hacia su destino. Sin embargo, si se detiene a descansar, empezará a resbalar y puede encontrarse de nuevo en el punto de partida. Sólo cuando hayas llegado a la cima de la colina podrás descansar.

Cómo ayudar a su hijo a ampliar sus opciones alimentarias

Además de estructurar los horarios de las comidas y ayudar a su hijo a comer más, es importante ayudarle a ampliar los tipos de alimentos que va a comer. Los niños con trastornos alimentarios suelen haber desarrollado una lista muy específica de alimentos con los que se sienten cómodos. A menudo, estos alimentos son muy bajos en calorías, o bajos en grasas y en densidad. O, como en el caso de la bulimia nerviosa, hay alimentos que les apetecen (a menudo dulces, almidones, panes), pero sólo se permiten pequeñas cantidades, hasta que se produce un episodio de atracón.

. . .

En cualquiera de los casos, la preocupación de los niños por la elección de los alimentos también está delimitada por el recuento de calorías, el recuento de gramos de grasa, el pesaje y la medición de los alimentos, la exigencia de que preparen toda la comida para ellos mismos (y a veces para los demás) y, a veces, el uso de ollas, platos, cuencos o utensilios específicos.

Tendrá que decidir si quiere enfocar esta gama de comportamientos como una gran área de problemas, en cuyo caso podría decidir simplemente qué y cómo debe comer su hijo, como hacía cuando era mucho más pequeño. Esto significa que no permitiría el recuento de calorías (o al menos no basaría lo que se come en una cantidad calórica específica); insistiría en el consumo de grasas y exigiría que se comiera una gama de alimentos. Como ves, a menos que se cuestione, cada una de estas conductas fomenta la persistencia de los desórdenes alimentarios. Contar las calorías significa establecer una medida constante (que el adolescente "a dieta" siempre deseará que sea menor) con la que evaluar la alimentación. Lo mismo ocurre con los gramos de grasa, así como con la medición y el pesaje de las porciones. En otras palabras, esta obsesión por la medición de los alimentos refuerza el pensamiento desordenado sobre la comida. Esto es cierto para todas las reglas alimentarias en general. Las reglas que la persona con un trastorno alimentario establece parecen, en un principio, protegerle de comer en exceso y ganar peso, pero dichas reglas acaban siendo contraproducentes y se convierten en una jaula de normas que impiden comer con normalidad. Por lo tanto, cuando desafías estas reglas, estás desafiando el pensamiento desordenado sobre la comida que subyace a los trastornos.

Se puede argumentar que la mejor manera de proceder es atacar a gran escala este pensamiento desordenado, y es la base de muchos programas de realimentación hospitalarios y residenciales. Sin embargo, es posible que usted sienta, como muchos padres, que quiere adoptar un enfoque más gradual para cambiar estos comportamientos. Por lo tanto, puede comenzar permitiendo que algunas de las reglas alimentarias persistan si la alimentación mejora y el aumento de peso es adecuado en el caso de la anorexia o si los atracones disminuyen en el caso de la bulimia. Si adopta este enfoque, es posible que experimente un poco menos de resistencia temprana en cuanto a la alimentación por parte de su hijo, pero le espera un camino más largo.

Los padres de Glenda decidieron que le pedirían que comiera un nuevo alimento a la semana. La cantidad que comiera sería la necesaria para seguir avanzando en su aumento de peso, pero, además, podría elegir un nuevo alimento, normalmente uno con el que tuviera problemas pero que en el pasado disfrutara, para añadirlo a su dieta.

En el caso de Glenda, el primer alimento que se añadió fue el queso. Siempre le había gustado el queso, pero en los últimos seis meses no había querido comerlo porque le daba miedo la grasa que contenía. Los padres de Glenda le dieron a elegir con qué queso iba a empezar, pero tenía que elegir uno.

Glenda eligió el queso parmesano. Se sentía más cómoda con él porque estaba rallado y le parecía menos amenazante (o que engordaba). Sólo espolvoreó un poco en su ensalada, pero lo probó.

De nuevo, el proceso fue lento al principio, pero poco a poco se acostumbró a comer queso parmesano y se mostró más dispuesta a probar otros quesos.

Otro reto, también relacionado con un producto lácteo, que se plantea con bastante frecuencia es el de beber leche entera. La mayoría de los adolescentes desnutridos se niegan a beber leche entera. "Demasiada grasa", dicen.

Pero la grasa es lo que muchos de ellos necesitan, por lo que conseguir que cambien la leche descremada por la entera (aunque sólo sea por un tiempo) puede suponer una importante fuente de nutrición. "Elige tus batallas" es nuestro consejo habitual a los padres sobre la elección de alimentos. No discutas por una hoja de lechuga.

Discute por algo que cuente: unos fideos con salsa de nata o un filete con puré de patatas. Puede que merezca la pena luchar por la leche entera si la dieta de tu hijo ya contiene suficiente calcio y grasa. Los padres de Dora pensaban que sí, y simplemente no compraban leche descremada o baja en grasa. Esto supuso un cambio para la familia (y uno temporal, hasta que Dora estuviera mejor alimentada).

Al principio, Dora se resistió, pero cuando sus padres le insistieron suave pero implacablemente, cedió. Al principio sólo tomaba un poco de leche con los cereales, luego media taza con la merienda, pero al final la parte de Dora que sabía que necesitaba beber leche para mejorar empezó a ceder, y poco a poco aceptó que era una buena idea, al menos hasta que tuviera un peso saludable.

Ayude a su hijo a limitar el ejercicio

. . .

El ejercicio es algo maravilloso. Sin embargo, en la mente de quienes padecen trastornos alimentarios, puede convertirse en una oportunidad para expresar una gran cantidad de patología. En los que padecen anorexia nerviosa, el ejercicio es una forma eficaz de perder peso y de no ganarlo. En las personas con bulimia nerviosa, el ejercicio se utiliza a veces como una forma de purga, asegurándose de que las calorías consumidas se equilibran con las calorías que se eliminan en la cinta de correr o en la bicicleta.

A menudo es un reto saber cómo y cuándo intervenir en relación con el ejercicio. Ciertamente, si su hijo padece anorexia nerviosa y tiene un peso inferior al normal, por lo general debe prohibirse el ejercicio. Esto significa enviar cartas a la escuela (a veces también se requiere una nota del médico) eximiendo a su hijo de la educación física. A veces significa controlar el ejercicio en el aula (abdominales, saltos, etc.).

Una vez más, su implicación tiene como objetivo promover la salud física de su hijo en lugar de permitir que siga deteriorándose. Así pues, en cuanto su hijo se alimente con normalidad y esté fuera de peligro médico, suele ser una buena idea permitir que vuelva a hacer ejercicio, con moderación. Sin embargo, al igual que con la alimentación, al principio hay que ser escrupuloso con esta reintroducción, ya que es muy fácil que el niño se deje llevar. Por eso, es útil trazar un plan cuidadoso. Por ejemplo, podría permitir 15 minutos de ejercicio al día para empezar, y si el peso sigue mejorando, esto puede aumentarse a 30 minutos, donde probablemente debería permanecer hasta que todos los signos del trastorno hayan desaparecido. En algunos casos, es útil permitir el ejercicio un poco antes. Algunos padres han comprobado que esto ayuda a mejorar el apetito, favorece la cooperación y aumenta la motivación para la recuperación. Creemos que este enfoque puede ser realmente útil, pero sólo si usted y los profesionales médicos con los que trabaja se sienten cómodos con él. En la práctica, esto suele significar que su hijo sigue mostrando progresos en cuanto a su alimentación y su peso.

Para quienes padecen bulimia nerviosa, el ejercicio razonable, no relacionado con la sobrealimentación o los atracones, puede ayudar a minimizar la frustración y aumentar la tolerancia para no purgarse. A menudo, se recurre a las purgas en lugar del ejercicio, porque el ejercicio se percibe como más trabajo y que lleva más tiempo.

Ayudar a su hijo con bulimia nerviosa a desarrollar un enfoque razonable y estructurado del ejercicio, muy similar al que se adopta para estructurar las comidas, puede compensar esta percepción. A veces, unirse a un club de salud o a un programa de ejercicio estructurado (kickboxing, karate, etc.) en el que la delgadez no es una virtud funciona bien (algunos tipos de clases de baile, en los que parece importar una apariencia delgada, pueden ser contraproducentes). Tal vez quieras ayudar a tu hijo a identificar a un amigo con el que hacer ejercicio para que sea más probable que siga haciéndolo. Dependiendo de la naturaleza de su relación con su hijo, puede incluso actuar como compañero de ejercicio de su hijo. En cualquier caso, su estímulo sobre esta forma de alcanzar y mantener un peso y un cuerpo saludables puede ser muy beneficioso para quienes padecen bulimia.

Ayude a su hijo a prevenir los atracones y las purgas

Además de todo lo que ya hemos dicho sobre la normalización de la alimentación, tendrá que prevenir los atracones y las purgas cuando el problema de su hijo incluya estas conductas. En el caso de los atracones, por ejemplo, usted es el principal responsable de qué alimentos están disponibles y cuándo se pueden consumir en su casa.

. . .

Por lo tanto, es de gran ayuda que comprenda mejor qué alimentos son los que pueden provocar los atracones de su hijo. Estos alimentos varían de una persona a otra, pero por lo general es bastante evidente, a partir de lo que falta en sus armarios, qué alimentos son los más propensos a que su hijo se dé un atracón. Algunos ejemplos comunes son los cereales (en caja), el helado (en medio galón) y los paquetes enteros de galletas, patatas fritas, queso y tarros de mantequilla de cacahuete. Una regla general es que los alimentos para atracones suelen ser muy calóricos, con mucha grasa y, a menudo, dulces; alimentos que las personas que hacen dieta se esfuerzan por limitar severamente y que, por tanto, representan un capricho.

Una adolescente contó que su madre preparaba habitualmente un pastel de postre los domingos. Cada miembro de la familia de cuatro comía un trozo, por lo que quedaba medio pastel. Este pastel era un alimento siempre disponible y deseable para darse un atracón cada domingo por la noche. Otro niño contó que el "stock" de grandes bolsas de patatas fritas y envases de helado comprados en mercados de alimentos al por mayor y almacenados en la despensa y el frigorífico eran una fuente constante de alimentos para el atracón. Es perfectamente comprensible que a veces haga pasteles o que tenga la costumbre de comprar comida en cantidad para economizar. Sin embargo, hasta que tu hijo controle mejor los atracones, es posible que tengas que cambiar éstas y otras formas similares de cocinar y comprar.

Es probable que haya otras formas de suministrar alimentos que se prestan a los atracones y que podrías reducir por el momento.

Además de poner a disposición alimentos tentadores, puedes estar apoyando involuntariamente los atracones al no estar presente para evitarlos. Muchos comedores compulsivos lo hacen sólo en privado porque se avergüenzan de su comportamiento. Por lo tanto, muchos adolescentes que se dan atracones de comida calculan los momentos en los que es probable que no haya nadie cerca o en los que sus actividades pasarán desapercibidas. Suele haber varios momentos de este tipo cada día. Uno de ellos es después del colegio, entre las 3:00 y las 6:00P.M., y otros momentos son a última hora de la noche o muy temprano por la mañana. Estos momentos también encajan perfectamente en el patrón alimentario distorsionado que suele acompañar a la bulimia, ya que los periodos largos de "restricción" - todo el día o toda la noche, por ejemplo- producen un aumento del hambre y de la sensación de privación, lo que lleva, en respuesta, a comer en exceso durante un atracón. Por lo tanto, es muy importante que conozca los periodos en los que es más probable que su hijo se dé un atracón y que se esfuerce por estar disponible durante esos momentos para ayudar a prevenir el comportamiento.

En el caso de la bulimia nerviosa, la mayoría de las purgas se producen tras el consumo de mucha comida, precipitadas por la culpa, la vergüenza y la ansiedad por comer en exceso y el miedo a ganar peso. Las purgas, al igual que los atracones, suelen ser un comportamiento secreto. Dado que la purga sólo es eficaz para vaciar la comida no digerida (en el grado limitado en que lo es) sólo bastante pronto (generalmente dentro de los 30 minutos) después de comer, es un comportamiento considerablemente predecible. Por lo tanto, si usted sabe cuándo su hijo ha comido, o en particular cuándo se ha dado un atracón, está en condiciones de saber cuándo intentará purgarse. Por lo tanto, al igual que en el caso de los atracones, conocer el momento en que es probable que se produzca la purga le ayudará a saber cuándo debe estar atento y a poner en práctica estrategias para prevenirla.

También es útil saber dónde purga su hijo. Esto no siempre es tan sencillo. La mayoría, por supuesto, se purga en el inodoro, pero muchos también lo hacen en la ducha, en bolsas de basura o en los arbustos. Las purgas se rigen a menudo por normas muy específicas, y sólo pueden hacerse en esas condiciones. Por ejemplo, algunas personas sólo pueden purgarse en casa, otras sólo pueden purgarse cuando no hay nadie alrededor, y otras tienen reglas sobre dónde no pueden purgarse, como en la escuela o en la iglesia. Cuando se entienden estas condiciones, es mucho más fácil evitar que se cumplan y, por lo tanto, no permitir la oportunidad de purgarse. Si su hijo se purga sólo en casa (lo que no es infrecuente en las primeras etapas de la enfermedad), usted tiene una ventaja porque tiene un entorno específico limitado que controlar.

No obstante, las condiciones pueden cambiar, y es importante estar al tanto de cualquier cambio en los lugares donde se purga, porque cualquier cambio abre un resquicio potencial para permitir que el comportamiento continúe.

También es importante saber cómo purga su hijo. La mayoría de las veces se trata simplemente de meter el dedo en la garganta, estimulando el reflejo nauseoso. Sin embargo, a veces esto es ineficaz y se utilizan otros instrumentos, como cucharas, cepillos de dientes, limas de uñas, etc. Algunos adolescentes conocen el jarabe de ipecacuana, que se utiliza para provocar la emesis tras una intoxicación.

Sin embargo, cuando se utiliza de forma rutinaria para purgar, se asocia a problemas cardíacos e incluso a la muerte. Con el tiempo, algunas personas aprenden a purgar sin ninguna estimulación directa. Esto significa que es posible purgar en cualquier momento y de forma muy subrepticia, lo que hace que el comportamiento sea más difícil de detectar e interrumpir. No obstante, el conocimiento de los medios que utiliza su hijo para purgarse le ayudará a intervenir, porque podrá buscar los signos de una actividad purgatoria continuada (por ejemplo, uñas rotas, arañazos en el dorso de la mano como consecuencia del rascado de los dientes, etc.). Si su hijo utiliza jarabe de ipecacuana, es esencial que retire esta sustancia de su casa o la guarde bajo llave por el peligro que supone.

Recuerde que su hija se sentirá obligada a purgarse si cree que ha comido en exceso (y en este sentido, no tiene mucha elección sobre su deseo). Además, siente un gran alivio si se purga. Por lo tanto, purgarse es un comportamiento muy reforzante, aunque sea vergonzoso y a veces doloroso. Su trabajo consiste en ayudarla a tolerar la incomodidad de no purgarse mientras le proporciona otros refuerzos positivos en lugar de purgarse, como atención, distracciones u oportunidades para hacer otras cosas positivas. Para ofrecer estas alternativas, debe hablar con su hijo sobre lo que cree que sería útil. Algunos padres han descubierto que jugar a un videojuego, ver una película, dar un paseo o ir de compras puede ayudar a evitar las purgas cuando se ha producido un periodo de atracones.

El abuso de laxantes es otra forma común en que algunos adolescentes intentan purgarse. Como señalamos, tomar laxantes es una forma muy peligrosa de hacerlo y además es muy ineficaz. El uso de laxantes a largo plazo conduce a una serie de problemas médicos, como dolor abdominal severo, hinchazón y plasticidad intestinal. Para que sean eficaces, hay que aumentar las dosis, lo que puede provocar toxicidad en algunos casos. Muchos de los que utilizan laxantes afirman que lo que desean es sentirse "vacíos" y "aplanar el estómago" en lugar de simplemente deshacerse de la comida. Psicológicamente, vaciar el intestino también se siente como un alivio. Para ayudar a su hijo a dejar de tomar laxantes, tenga en cuenta varias cosas.

Ciertos laxantes pueden detectarse en muestras de sangre o heces, y su pediatra puede hacer pruebas para detectarlas, lo que le ayudará a saber si su hijo los está utilizando sin que usted lo sepa. Además, los laxantes pueden ser caros si se utilizan con frecuencia, por lo que, si su hijo dispone de una buena cantidad de dinero en efectivo, debe controlar los gastos para asegurarse de que no se utiliza para comprar laxantes. Sin embargo, muchos adolescentes también roban laxantes debido a su coste. No es raro que las personas bulímicas sean sorprendidas robando laxantes en las tiendas.

La purga también puede adoptar la forma de ejercicio extremo. Después de un atracón, su hijo puede intentar calcular el número de calorías que ha consumido y tratar de "quitárselas" en una cinta de correr o mediante otras actividades extenuantes. Esta pauta de purga mediante el ejercicio puede no parecer tan perjudicial como tomar laxantes o vomitar, pero debido al estrés que supone para el cuerpo, así como a la ansiedad por "no haber eliminado todas las calorías" y al tiempo que lleva, tratar de compensar un atracón mediante el ejercicio puede pasar una gran factura. Tu papel en esta situación es ayudar a tu hijo a hacer ejercicio como una actividad habitual para la salud, no para controlar el peso per se, y sobre todo no para compensar los atracones anormales, que son el resultado de una dieta indebidamente restrictiva.

11

No discuta con su hijo sobre las preocupaciones relacionadas con la alimentación o el peso

Uno de los problemas más comunes a los que se enfrentan los padres, y probablemente usted también, es el pensamiento distorsionado del niño con un trastorno alimentario.

Es posible que creas que debes lograr que tu hijo "entre en razón", "sea razonable" o "vea la luz" o que "simplemente lo superará". Al principio, esto no sucede muy a menudo (si es que sucede). En cambio, lo que sucede es que a menudo te ves arrastrado a una variedad de debates y luchas que son ilógicas de principio a fin, excepto desde la perspectiva de alguien cuyo pensamiento está distorsionado con una preocupación excesiva, una inversión irreal y una ansiedad por la comida, el peso y la forma.

Sin embargo, cuando estás en la trinchera, enfrentándote a la anorexia o a la bulimia, los problemas que este pensamiento puede causarte ya no son abstractos; son bastante específicos, y no siempre está claro cómo proceder. Algunos ejemplos de las dificultades a las que te enfrentarás son el pesaje obsesivo, la compra de alimentos, la compra de ropa, la influencia de los amigos y la influencia de los medios de comunicación y la moda.

No permita el pesaje obsesivo

El pesaje constante es un problema común en muchas personas con trastornos alimentarios. Tiene un carácter obsesivo, hasta el punto de que, con el tiempo, el pesaje se convierte en una forma de evaluar el estado emocional (sentirse bien o mal), la autoestima (éxito o fracaso) y la deseabilidad (ser agradable o desagradable). Por supuesto, el peso de una persona no define realmente estos atributos, pero su asociación con el pesaje a lo largo del tiempo hace que lo parezca.

Además, pesarse a intervalos muy frecuentes es engañoso e inexacto. Hay muchos otros factores (lo que lleva puesto, cuándo ha comido, la hora del día, la actividad reciente, la ingesta reciente de líquidos) que pueden cambiar el peso entre 1 y 3 libras. Notará que su hijo puede estar momentáneamente tranquilo por un peso bajo, para luego caer en picado unas horas más tarde por un peso "alto". Usted sabe que su peso no ha cambiado sustancialmente, pero no es así como lo siente su hijo.

Al mismo tiempo, es importante que las pesas se tomen a intervalos regulares para que todo el mundo sepa cómo evoluciona. Por todas estas razones, recomendamos que durante el tratamiento se tome el peso sólo una o dos veces por semana. Esto puede significar tirar la báscula del baño (o esconderla). También es útil que los profesionales con los que se trabaja se pongan de acuerdo sobre cuándo se tomarán los pesos y quién los tomará. No sirve de nada que el peso de un niño suba en la consulta del pediatra, baje en la del nutricionista y no cambie en la del terapeuta. Tener demasiadas básculas sólo deja a todos confundidos.

Decida cuándo es una buena idea llevar a su hijo adolescente a hacer la compra

. . .

Hacer la compra de alimentos cuando tu hijo tiene un trastorno alimentario puede ser una propuesta muy difícil.

Habrá un montón de reglas que se supone que debes seguir, y estas reglas tienden a cambiar mucho. Aun así, algunos padres optan por llevar a su hijo a la compra para que les ayude a comprar alimentos que el niño acepte comer.

Según nuestra experiencia, esto suele ser contraproducente.

El niño deambula por los pasillos del supermercado buscando algo aceptable para comer (pero encontrando muy poco) si tiene anorexia nerviosa, y sintiéndose culpable y tentado si tiene bulimia nerviosa. Por lo tanto, al principio del tratamiento, aunque es bueno conocer los gustos y disgustos de tu hijo, a menudo es mejor hacer la compra solo. Más adelante, una vez iniciada la recuperación, es útil involucrar a su hijo en estas excursiones, ya que les permite a usted y al niño ver mejor los progresos que se están haciendo en términos de comodidad con la comida y mayor flexibilidad en sus elecciones.

. . .

Retenga las compras de ropa hasta que los síntomas disminuyan

La compra de ropa, otra actividad común para los adolescentes, es mejor limitarla también durante la primera parte del tratamiento. A menudo, al igual que el peso, las tallas de ropa sirven como "marcadores" de la valía emocional y social. El orgullo de un niño por tener una talla 000 está tan distorsionado como la vergüenza por tener una talla 20 en el contexto de un trastorno alimentario. En general, sin embargo, debido a que la talla que le queda a un adolescente con anorexia nerviosa irá en aumento, tiene sentido esperar hasta la recuperación total (o casi total) del peso antes de comprar ropa. En el caso de las personas con bulimia nerviosa, el problema suele ser que las tallas suben y bajan durante el periodo de tratamiento temprano, lo que significa que también aquí es mejor esperar.

Una de las compras que no puedes evitar es la de un traje especial para un baile, sobre todo un vestido para una niña. Este tipo de vestidos y ocasiones suelen provocar mucha ansiedad por parte de todos.

Asegúrate de evaluar tu propia inversión en este proceso, ya que la moda y la apariencia nos afectan a todos. Intenta evitar los vestidos demasiado ajustados, por muy elegantes que sean, porque tienden a resaltar muchas de las características, para bien o para mal, que tanto preocupan a tu hija.

Permitir amistades de apoyo

Los padres a menudo se preocupan por si un amigo que tiene un trastorno alimentario tendrá un impacto negativo en el progreso de su hijo. No hay una respuesta sencilla a esta pregunta, porque depende mucho del amigo y de su hijo. Hay un gran número de adolescentes con trastornos alimentarios, por lo que es probable que no pueda evitarlos.

Sin embargo, si el amigo de su hijo no está en tratamiento y además parece estar fomentando conductas de desorden alimentario en su hijo, sería prudente limitar esta amistad lo más posible, al menos durante el primer período de tratamiento. Sin embargo, este es un problema delicado porque los amigos de los adolescentes son muy importantes para ellos.

Si cree que es absolutamente necesario limitar el contacto con un amigo en particular, sea claro sobre sus razones y sobre su intención de reevaluar la situación a medida que su hijo continúe y mantenga su progreso.

Ciertamente, un asunto de este tipo es importante discutirlo con el terapeuta de su hijo para obtener más orientación.

Limitar la influencia de los valores mediáticos sobre el peso

Una serie de influencias más allá de su hogar y su familia tendrán un impacto en la forma en que su hijo piensa en el humor. Algunas de estas influencias son generales y nos afectan a todos de una manera u otra (por ejemplo, los medios de comunicación, la moda y la cultura), otras son propias del mundo de los adolescentes (los grupos de pares y los valores de los adolescentes) y algunas del mundo de los trastornos alimentarios (los sitios web a favor de los trastornos alimentarios).

¿Cómo puede limitar los aspectos negativos de estas influencias externas en la medida en que pueden impedir que su hijo se recupere completamente de un trastorno alimentario?

Los adolescentes son especialmente vulnerables a las influencias de los medios de comunicación.

Todavía están desarrollando un sentido de quiénes son y buscan una confirmación externa para sus identidades emergentes. Irónicamente, en cierto sentido, los adolescentes a menudo buscan ajustarse a un conjunto de normas definidas por los medios de comunicación en lugar de encontrar sus propios nichos. Esta decisión de conformarse tiene que ver con la necesidad de "encajar" en un grupo de iguales.

Encajar en un grupo de iguales es importante por varias razones. En primer lugar, como animales sociales, los humanos buscan naturalmente a los demás. Durante la adolescencia, las relaciones fuera de la familia constituyen el vehículo por el que se produce el aprendizaje social, incluidas las citas. Por ello, los adolescentes invierten mucho en sus grupos de iguales. Quieren caer bien, y esto puede tener un significado muy simple y concreto para ellos: Ser delgados (o más delgados) les hará más agradables. Es fácil entender por qué los adolescentes ven las cosas de esta manera; hay un cierto grado de verdad en esta percepción. Sin embargo, a menudo no ven que ésta no es la única base para ser valorado. Es más frecuente que alguien sea querido por ser divertido, inteligente o amable.

. . .

Además, los adolescentes todavía están desarrollando el sentido de la perspectiva. Recurren a los medios de comunicación y a sus diversos productos para que les ayuden a ver las cosas fuera de su pequeño mundo.

Lamentablemente, los medios de comunicación populares, en general, no ofrecen una perspectiva real, sino una muy distorsionada, en la que la belleza y el atractivo definen el éxito, la felicidad y los logros.

Como padre, es su responsabilidad ayudar a restablecer otros valores. Cuando hablamos con adolescentes con trastornos alimentarios, a veces les pedimos que clasifiquen la importancia relativa de su peso o su figura en comparación con otros atributos o preocupaciones.

Quienes padecen trastornos alimentarios sobrevaloran considerablemente su peso y su figura en comparación con su inteligencia, su personalidad, sus amigos, su familia e incluso sus creencias religiosas. Por supuesto, el peso es importante tanto para la salud como para el atractivo, pero cuando es tan importante que supera sustancialmente todas estas otras cualidades y relaciones importantes, se convierte en un problema. Es más difícil que tu hijo vea estos otros valores, sobre todo en los medios de comunicación visuales.

Los medios de comunicación no pueden dar valor a estos otros factores -son más difíciles de plasmar en una imagen- e incluso si lo hicieran, estas cosas no se "venderían" porque, desgraciadamente, no se perciben como "raras" o "especiales" del mismo modo que la belleza.

Como padre de un adolescente, usted se encuentra en una posición difícil. Usted es un adulto, y como tal está "fuera de contacto", por así decirlo (o como parece), con el mundo de su adolescente. Si cuestionas directamente las particularidades de la moda (pantalones de campana, pantalones vaqueros escotados, camisetas de tirantes, etc.), es probable que seas rechazado. Por lo tanto, es importante abordar el asunto con una actitud más interrogativa que crítica. Esto significa que, si quiere ayudar a su hijo a considerar a los héroes o heroínas fuera del grupo de los famosos, es importante que intente comprender qué otros valores tiene su hijo que pueda aprovechar para animarle en esas direcciones.

Por ejemplo, si su hijo valora los logros académicos o deportivos, estos pueden ser apoyados como alternativas a la belleza física en términos de valor. También suele ser posible aprovechar los sentimientos altruistas de muchos adolescentes identificando las formas en que los valores sociales son oportunidades para equilibrar los méritos relativos del atractivo físico y otras fuentes de autoestima y autovaloración, como el voluntariado, la tutoría, los programas de conservación y los grupos religiosos y de la iglesia.

La necesidad de que los padres respondan a la sobrevaloración de la apariencia y el atractivo de un niño no es exclusiva de los padres cuyos hijos tienen trastornos alimentarios.

Sin embargo, usted tiene una tarea especial porque su hijo ha desarrollado problemas específicos que juegan con los peores aspectos de los ideales físicos establecidos para ser admirados. Tu mandato es vigilar y limitar la influencia de los valores que se promueven, al mismo tiempo que identificas fuentes alternativas y apoyas a tu hijo para que recurra a ellas para el desarrollo de su autoestima y sus valores.

A veces, los medios de comunicación que comunican temas de salud son incluso más problemáticos que los que promueven la moda y los famosos. Esto es así, en parte, porque es difícil ver la salud como un valor problemático.

Lo que resulta problemático es la forma en que se define la salud. Por ejemplo, se insiste con frecuencia en el vegetarianismo, los alimentos bajos en grasa o sin ella, las dietas y ciertos tipos de regímenes de ejercicio intensivo. El problema es que en las manos (y en la cabeza) de alguien que padece un trastorno alimentario, el valor de estas cosas se exagera de forma desproporcionada. Nos gusta destacar que la mayoría de estas elecciones, cuando se realizan en pos de la salud, conducen a buenos resultados, pero cuando se desean para hacer dieta o mantener un peso corporal extremadamente bajo, no lo hacen.

Entre las fuerzas más insidiosas que actualmente invaden la salud de los adolescentes con trastornos alimentarios se encuentran los sitios web a favor de los trastornos alimentarios. Estos sitios web, hábilmente etiquetados para ser engañosos, ofrecen grupos de chat, información y estrategias que animan a los adolescentes a desarrollar trastornos alimentarios, a rechazar la intervención y a oponerse a la participación de los padres en su tratamiento. No hay una solución fácil. La libertad de expresión está garantizada. Sin embargo, como padre tiene algunas opciones. Puede parecer draconiano, pero durante el tiempo que su hijo esté en tratamiento, puede ser necesario desconectar su ordenador de Internet o permitir que lo utilice sólo bajo una supervisión muy estrecha. Puede aprender técnicas para detectar el uso que hace su hijo de estos sitios -rastreo de "cookies"- pero, como suele ocurrir, es posible que su hijo sea más hábil que usted en el uso del ordenador.

Aun así, la perniciosidad de estos sitios es tan fuerte que recomendamos adoptar una postura firme contra el acceso a ellos por cualquier medio que tenga a su disposición. Por supuesto, su hijo puede acceder a estos sitios desde otros lugares (la escuela, la biblioteca o los amigos), pero el tiempo del que dispondrá será más limitado.

12

Saber Cuándo Empezar A Retroceder

Aunque sea difícil de imaginar ahora, llegará un momento en el que tendrá que descubrir cómo empezar a dejar de involucrarse tanto en el manejo diario de los síntomas y las conductas del trastorno alimentario de su hijo. De hecho, ése es el objetivo final de involucrarse tanto en primer lugar.

Sabrá que se está acercando a ese punto cuando su hija esté en su peso normal o muy cerca de él, coma cantidades razonables en un horario razonable, no haga ejercicio compulsivamente, no se dé atracones ni se purgue y, en general, se parezca más a su antiguo yo. Si su hija ha perdido la menstruación, su vuelta es también un muy buen indicador de salud física.

. . .

Puede ser difícil dejarlo ir después de haber luchado tanto por controlar este problema.

Es una experiencia aterradora ver cómo alguien cuya vida atesoras se desvía en una dirección peligrosa.

Los estudios sobre los supervivientes del cáncer infantil han demostrado que los niños que pasaron por toda la quimioterapia, la radiación y las cirugías no estaban, en un momento posterior, especialmente preocupados por esos acontecimientos. Sin embargo, sus padres seguían teniendo muchas preocupaciones, pensamientos intrusivos, sueños y ansiedades continuas sobre lo que su hijo había pasado mucho antes. Por lo tanto, tenga en cuenta que su hijo puede seguir adelante y sentirse fuera de peligro (e incluso puede tener razón en esto) antes de que usted se sienta cómodo de nuevo.

En lo que respecta a que empiece a devolver el control a su hijo, a menudo utilizamos la analogía de cómo podría gestionar el hecho de dejar que su hijo vuelva a conducir después de una infracción de tráfico. Podría empezar permitiéndole conducir sólo para ir y volver del colegio, luego permitirle conducir durante el día los fines de semana, y así sucesivamente, hasta que se haya ganado todos los privilegios. Con respecto a la alimentación, podría empezar por permitirle a su hijo adolescente comer bocadillos sin supervisión, luego almuerzos, y así sucesivamente, hasta que esté seguro de que come bien sin su supervisión. Esto puede llevar varios meses hasta que se logre por completo.

Normalmente, para entonces, usted se siente más cómodo y sabe qué buscar y cómo ayudar si surgen problemas.

Sin embargo, le recomendamos encarecidamente que intente permitir el mayor número posible de actividades sociales cuando su hijo esté empezando a recuperarse. Le sugerimos que lo haga -en parte, porque tales compromisos permiten un desarrollo más normal- al tiempo que se asegura de que se come. Esto puede significar tener que programar las actividades después o antes de las comidas cuando se está empezando. Aun así, si fomenta estas actividades, podrá ayudar a su hijo a ver que usted sólo controla sus comportamientos alimentarios y no interfiere tanto en otras actividades propias de su edad. Este enfoque también puede ayudar a su hijo a tolerar su participación en el ámbito de la alimentación.

· · ·

Nos gusta decir que el objetivo final en el tratamiento de un trastorno alimentario es que la vida reemplace las conductas obsesivas y los pensamientos sobre la comida y el peso asociados a ellas. Para tu adolescente, esto significa volver a la escuela, asumir el desafío de explicar a sus amigos dónde ha estado y entrar lentamente en una vida social adolescente más normal. Volver a la escuela es una preocupación, ya que la necesidad de rendir a un alto nivel es muy común en muchos de los que padecen trastornos alimentarios. Como han estado enfermos, sienten que están atrasados, menos preparados y como si nunca fueran a lograr lo que esperan.

Ayudar a un niño a volver a la escuela requiere, en parte, aceptar que parte de esta preocupación está bien. La idea que hay que transmitir es: "Puedes seguir siendo un buen estudiante, ponerte al día y tener éxito, aunque no tomes cinco clases de AP (colocación avanzada) en tu primer año".

Se requiere un poco más de tacto o juicio para decidir cuánto sobre el motivo por el que el niño ha estado fuera de la escuela es apropiado compartir. La mayoría de los adolescentes se limitan a decir que han tenido "problemas de corazón" o "problemas de estómago" o algo parecido. Otros, como Carla, deciden que quieren ayudar a otros a través de su experiencia. Se convierten en ayudantes de salud de sus compañeros que intentan ayudar a otras personas con problemas de alimentación.

Es posible que tenga que ayudar a su adolescente a retomar estas cosas animándole más activamente de lo que hubiera esperado. A veces, incluso, tendrá que tomar la iniciativa para organizar las visitas a los amigos y fomentar la asistencia a las funciones escolares. Muchos niños con trastornos alimentarios tienen cierto grado de ansiedad social.

Es posible que haya que tratarla incluso después de que el comportamiento y los pensamientos desordenados de la alimentación hayan disminuido.

El tratamiento para estos problemas, al igual que para otras dificultades psiquiátricas como la depresión o el trastorno obsesivo-compulsivo, puede requerir un tratamiento separado con medicamentos, terapia o ambos.

Cuida de ti mismo

. . .

Probablemente, al leer este capítulo, te haya resultado evidente que ayudar a tu hijo va a suponer mucho trabajo.

Por lo tanto, es importante que mientras realizas este trabajo crucial te cuides lo más posible. Si no eres capaz de seguir apoyando a tu hijo, perderá su activo más importante en su lucha contra el trastorno alimentario. Para cuidar de ti mismo, debes reconocer que necesitarás más descanso, ejercicio regular y una buena nutrición. También debe planear compartir la carga con su cónyuge y con otros miembros de la familia cuando necesite un descanso. Si se siente deprimido o excesivamente ansioso, considere la posibilidad de buscar una terapia personal adicional para obtener apoyo.

Según nuestra experiencia, no es nada raro que los padres busquen este tipo de apoyo. También puede encontrar apoyo a través de su familia, amigos o comunidad espiritual.

Utilizar su propio sistema de apoyo le ayudará tanto a usted como a su hijo.

. . .

Al final de todo este trabajo, sin embargo, estará la gran satisfacción de haber ayudado a su hijo con un problema que pone en peligro su vida. Aunque no podemos garantizar el resultado, como hemos dicho antes, hay muy buenas razones para ser optimistas sobre sus posibilidades.

13

Aprovechar El Poder De La Unidad

Uno de los motivos por los que una buena unidad de hospitalización especializada suele conseguir que los niños coman con normalidad y, en el caso de la anorexia, ganen peso, es que hay un equipo de enfermería disponible las 24 horas del día para abordar el problema de forma constante y persistente. Esto es lo que tienes que hacer para ayudar a tu hijo a superar la anorexia o la bulimia: Unirse como familia y estar en la misma página, todo el tiempo. Como hemos dicho antes, el hecho de que los niños tiendan a recaer después de la hospitalización pone de manifiesto la incapacidad de muchas familias para presentar el mismo frente unido. Y dado que la atención ambulatoria es la forma dominante de tratamiento hoy en día, es evidente que los padres (con el apoyo de los hermanos siempre que sea posible) tienen que aprender a llegar a un acuerdo sobre la forma exacta en que participarán en la lucha de su hijo por la salud y cómo se mantendrán durante todo el tiempo que sea necesario.

Si tu hija es anoréxica, tienes que averiguar cómo puedes desarrollar un frente unido para conseguir que coma. Si tu hijo es bulímico, tienes que encontrar un camino consistente para ayudarle a comer cantidades normales de comida y no purgarse. Anteriormente mostramos lo que podría implicar su papel si su terapeuta está utilizando un enfoque familiar u otro tipo de tratamiento para ayudar a su hijo. Pero incluso si se adhiere a nuestros principios y directrices, se sorprenderá de lo rápido que se desmoronará cualquier logro positivo si no dedica el mismo esfuerzo a construir un frente unido.

Desarrollar un frente unido puede parecer sencillo. Incluso puede pensar que no necesita este capítulo. Al fin y al cabo, sabe que usted y el otro progenitor de su hijo ya están de acuerdo en querer que su hijo o hija mejore. Desgraciadamente, donde hay una voluntad, no necesariamente hay un camino, a no ser que sea exactamente el mismo y esté bien pensado de antemano. Querer que tu hijo mejore no es lo mismo que ambos hagan exactamente lo mismo para que esa recuperación se produzca. Usted y el otro progenitor de su hijo tienen que "estar en la misma página" en lo que respecta a la urgencia del problema, cuándo y cómo buscar ayuda profesional, qué hacer en casa - decidir qué decir a su hijo para que coma o evite las purgas, qué cantidad de comida es adecuada, qué consecuencias deben establecerse en caso de falta de progreso, cómo deben participar los otros niños de la familia, qué sacrificios familiares se harán para facilitar el cambio del niño, e incluso detalles como si el niño tiene que beber leche entera o desnatada. Y hay que permanecer en esa misma página cada minuto de cada día.

Si eres la típica pareja, puede que la idea de estar siempre de acuerdo te parezca irrisoria. La mayoría de las parejas tienen desacuerdos, algunos más que otros. Ese no es el problema aquí. A pesar de estos conflictos cotidianos, la mayoría de los padres están 100% de acuerdo en que quieren que su hijo se recupere. La cuestión aquí es averiguar cómo podéis trabajar juntos para que no haya espacio para que la anorexia o la bulimia se cuelen. Sólo entonces sus esfuerzos por ayudar a su hijo darán realmente sus frutos. Así que decidan dejar de lado sus otros desacuerdos; en este asunto de vida o muerte, pueden acordar estar de acuerdo.

Divide y vencerás: cómo se cuelan los trastornos alimentarios

. . .

Si aún le resulta difícil imaginar que el trastorno alimentario de su hijo se escapa de sus defensas cuando ambos padres están tan comprometidos con el proceso de recuperación, imagine una red de pesca. Si los agujeros de la red son demasiado grandes, el pez se escapa. Su familia también debe estar bien tejida para evitar que el trastorno alimentario de su hijo se cuele. De hecho, al igual que un pescador, tendrás que comprobar la integridad de tu red con regularidad.

Los agujeros suelen aparecer donde menos te lo esperas. Por ejemplo, puede pensar que usted y el otro padre de su hijo están diciendo lo mismo mientras que su hijo adolescente con un trastorno alimentario escucha dos mensajes diferentes.

La madre de Samantha, Jill, dice con voz estridente: "¡Por el amor de Dios, Samantha, come ya!". Su padre, John, rechaza a su cónyuge diciéndole: "No seas tan dura con Samantha" antes de volverse hacia ella y decirle: "Vamos, Sammy querida, sólo un bocado más". Jill y John creen que están en la misma página: ambos le han dicho a Samantha que coma. Pero está claro que los mensajes son diferentes en el lado del receptor. La madre de Samantha está dando una orden y ya parece enfadada. John hace una petición y trata a su hija con guantes de seda, además de criticar a su mujer.

. . .

En casos como éste, que son bastante comunes, los padres tienen más éxito en luchar entre sí que en encontrar una estrategia común para combatir el trastorno alimentario de su hija. Mientras mamá y papá discuten sobre cómo hacer que Samantha coma más, Samantha no tiene que comer y el trastorno alimentario tiene tiempo para recuperar el aliento, por así decirlo, o para "escabullirse". La mejor manera de que estos padres logren que Samantha coma la cantidad que quieren que coma es que realmente se pongan de acuerdo. De hecho, no sólo en la misma página, sino en la misma línea, la misma palabra y la misma letra.

Esto les permitirá hablar con una sola voz y decir exactamente lo mismo: "Sabemos que es difícil para ti, pero queremos que comas más y no tenemos más remedio que encontrar la manera de ayudarte a vencer este trastorno alimentario".

En las siguientes páginas ilustramos una variedad de desacuerdos típicos entre los padres y cómo puedes evitarlos.

Esperamos que ser conscientes de las formas insidiosas en las que el trastorno alimentario de su hijo intentará dividir y conquistar a los dos les ayude a evitar la mayor cantidad posible de ellas y a resolver rápidamente las que no puedan. Estos ejemplos también les recordarán, como padres, que deben continuar trabajando juntos para forjar un camino hacia esfuerzos productivos para ayudar a su hijo.

Si su hijo sólo tiene un progenitor, aún puede sacar provecho de estos escenarios. Como ya hemos mostrado, puede recibir ayuda de otro adulto -el abuelo del niño u otro pariente, una pareja que vive con usted o incluso un amigo cercano de la familia- y esa persona también necesita estar en la misma página que usted. Pero incluso si lo hace solo, puede experimentar ambivalencia sobre muchas de las mismas cuestiones, como le ocurrió a la madre de Diana (ver ejemplos anteriores) cuando intentaba evitar que su hija se purgara.

Su conflicto interno sobre cuánto debía controlar a su hija dio a la bulimia el resquicio que necesitaba para colarse y salir victoriosa en la lucha por la salud de esta adolescente.

Por lo tanto, en las siguientes páginas, cuando nos referimos a su cónyuge o al otro progenitor de su hijo, queremos incluir a cualquier otro adulto que le esté ayudando en este esfuerzo.

Escenarios típicos de divide y vencerás y cómo evitarlos

1. Sólo uno de los padres del niño está convencido de que es el momento de actuar y de que debe participar en el tratamiento.

Aunque todos los miembros de la familia se presentaron a la evaluación, mamá y papá discutieron en el despacho sobre si debían estar allí. "No estoy segura de que debamos hacer esto ahora", dijo mamá, dirigiéndose a su hija, solicitando su acuerdo. Papá, furioso, dijo: "Estoy cansado de fingir que no pasa nada. ¿Cuándo crees que será el momento de hacer algo con respecto a que Rachel no coma?".

Como hemos dicho en varias ocasiones, la mayoría de los pacientes evolucionan bien cuando su enfermedad ha sido reconocida relativamente pronto y cuando ambos padres se dan cuenta de la necesidad de participar activamente en la recuperación de su hijo. Desgraciadamente, hay varios factores que suelen ir en contra de este posible escenario.

Muchos padres acaban inmovilizados porque se sienten culpables de haber causado la enfermedad de su hija. Puede que se sientan culpables y, por tanto, piensen que su participación sólo empeorará las cosas, o que su hija adolescente les ruegue que no la lleven a tratamiento porque puede "arreglárselas" sola. En ese caso, no es raro que uno de los padres ceda a las súplicas de su hija, que exprese su incomodidad por "empujarla" al tratamiento cuando está claro que no quiere ir o que intente convencer a su cónyuge de que la adolescente aún no está preparada: "no quiere cambiar". El trastorno alimentario es bastante bueno en detectar este tipo de oportunidades, en las que convencer al padre ambivalente suele ser suficiente para retrasar cualquier acción significativa, mientras que la adolescente sigue pasando hambre y el control del trastorno alimentario se hace más firme.

Este escenario es aún más probable cuando el adolescente tiene bulimia. En el caso de la anorexia, los padres pueden ver que su hijo anoréxico tiene un evidente malestar.

. . .

En el caso de la bulimia, sin embargo, es bastante probable que los padres no se den cuenta o sólo sospechen que la comida desaparece o que las frecuentes idas al baño después de las comidas no tienen nada que ver con "refrescarse", sino más bien con que su hijo se pone enfermo para seguir controlando su ansiedad por el aumento de peso. Todas estas diferentes posibilidades, desafortunadamente, resultan en la misma situación: los padres se sienten inmovilizados por una u otra razón, el trastorno alimentario sabe aprovechar esta brecha y el adolescente no recibe un tratamiento útil.

Si este es el caso de su familia, ¿qué debe hacer? Intente mantener a su hija adolescente al margen de las discusiones sobre su salud en la medida de lo posible. Esto puede parecerle injusto; después de todo, tiene 16 años y usted la ha incluido en casi todas las decisiones recientes que la involucran. Lamentablemente, la anorexia, al igual que la bulimia en menor grado, no permite que su hijo adolescente piense racionalmente sobre su necesidad de tratamiento. Informe a su hija de su decisión, pero absténgase de pedirle su opinión sobre las medidas sanitarias. De eso deberían hablar usted y su cónyuge. Cuando tengan un momento de intimidad, intentad sentaros a discutir los pros y los contras de que vuestro hijo siga sin tratamiento. Es importante estar de acuerdo, incluso si esto significa decidir "darle otros 10 días, pero al final de ese tiempo, haremos X, Y o Z", en lugar de seguir en desacuerdo mientras su hijo languidece con un trastorno alimentario.

2. La negación de uno de los padres está colaborando activamente con la enfermedad del adolescente.

A los padres de Debra les han dicho que hay pocas dudas de que el diagnóstico sea anorexia. El padre casi parecía aliviado: "Lo sabía. Siempre estuve convencido de que ese era el problema. La hicimos visitar a muchos médicos, desde los endocrinólogos hasta los gastroenterólogos y viceversa. No pudieron encontrar nada malo". Mamá se sentía menos cómoda con la noticia: "Creo que deberíamos volver a ver al Dr. A en la clínica GI. No estoy convencida de que el hecho de que regurgite la comida esté en su cabeza; debe haber algo mal en su tracto intestinal. Tiene que ser algo con su estómago o algo así".

Darse cuenta de que su hijo está gravemente enfermo es devastador para casi todos los padres, por lo que es comprensible cierto grado de negación. Sin embargo, algunos padres descubren que el diagnóstico de un trastorno alimentario sigue siendo demasiado incómodo, incluso después de que finalmente aceptan el hecho de que su hijo está enfermo. Esta incomodidad suele deberse al hecho de que la anorexia y la bulimia son diagnósticos psiquiátricos.

Desgraciadamente, todavía vivimos en una sociedad en la que una enfermedad psiquiátrica conlleva un cierto estigma para algunos, y quizás uno de los padres, o ambos, encuentren intolerable la idea de que su hijo o hija esté enfermo mentalmente. En ese caso, es comprensible que los padres prefieran conformarse con un diagnóstico más aceptable, como un trastorno gastrointestinal o endocrino u otra condición médica.

Sin embargo, un diagnóstico exacto suele conducir al tratamiento adecuado, que a su vez proporciona la mejor oportunidad para un resultado favorable.

Por lo tanto, se convierte en un verdadero dilema de tratamiento cuando uno o ambos padres son incapaces de aceptar el diagnóstico de un trastorno alimentario para su adolescente.

Igual de preocupante es que este escenario le brinda al trastorno alimentario del adolescente la oportunidad ideal para prosperar. Anteriormente en este libro caracterizamos a la anorexia como ego- sintónica, lo que significa que la persona que la padece suele ser incapaz de apreciar la gravedad del trastorno. De hecho, ¡hemos conocido a muchos pacientes que no creen estar enfermos en absoluto!

El hecho de que uno de los padres cuestione la validez del diagnóstico del trastorno alimentario no hace más que alimentar esa ilusión. En el caso de la bulimia, la persona que la padece sabe que los atracones y las purgas son anormales, pero se avergüenza de su comportamiento y suele intentar ocultarlo. La negación por parte de los padres de que existe un problema, algo que ocurre a menudo, sólo puede facilitar que el niño lo mantenga oculto. En ambos casos, la familia queda en un punto muerto.

Con mamá y papá sentados en bandos opuestos, la enfermedad permanece sin tratar (o la niña es tratada por los efectos secundarios de su trastorno alimentario en lugar de por el trastorno alimentario en sí), tal vez perdiendo un tiempo precioso mientras la niña es arrastrada de una prueba médica a la siguiente en la búsqueda inútil de alguna dolencia gastrointestinal inexistente.

Una vez más, la cuestión crucial aquí es que mamá y papá analicen juntos los hechos y traten de llegar a un entendimiento sobre cuál debe ser el siguiente paso en el tratamiento. Esto puede ser difícil, sin embargo, si el adolescente está estrechamente alineado con uno de los padres de tal manera que esta alianza se opone o excluye al otro padre, como suele ocurrir cuando se desarrolla este escenario. El adolescente es "reclutado" como un "consultor" activo para al menos uno de los padres, dejando al otro padre fuera y bastante frustrado como resultado.

Los padres de Debra deben consultarse mutuamente, no a su hijo adolescente, sobre estos problemas de salud concretos. Si usted y el otro progenitor de su hijo se encuentran sumidos en el desacuerdo sobre lo que está mal, el terapeuta de su hijo debería poder ayudar. No es raro que dediquemos toda una sesión de terapia a conseguir que un padre que se niega a ver la luz.

3. Cada uno de los padres piensa que el otro no está haciendo lo suficiente o lo correcto para asegurarse de que el trastorno alimentario sea tratado.

Becky no está ganando peso. Sus padres están preocupados. En lugar de centrarse en cómo pueden conseguir ayudarla la próxima vez, el padre empieza a hablar con la madre: "Te dije que le dieras leche entera. ¿Por qué sigues insistiendo en la desnatada?". Entonces, mamá se siente humillada y arremete contra papá para recordarle que no está haciendo "su trabajo": "Te pedí que Becky se comiera tres tortitas en el desayuno, pero siempre pareces demasiado ocupado para esperar a que termine. Eso tampoco es bueno".

En este caso, los padres sí han tomado medidas para que su hijo adolescente reciba tratamiento y para animarlo a comer más. Estos padres también hacen caso al llamado del médico para que trabajen como un equipo unido para ser más efectivos en la lucha contra el trastorno alimentario de su hijo. Sin embargo, muchas parejas tienen desacuerdos sobre una variedad de temas, incluyendo cómo deben educar a sus hijos. Por lo tanto, en lugar de estar en la misma página sobre cómo manejar la enfermedad de su hija, estos padres intentan superarse mutuamente. Ayudar a su hijo o hija se convierte en otra forma de luchar entre ellos en lugar de luchar contra la enfermedad.

La mayoría de los adolescentes que padecen un trastorno alimentario son bastante astutos al darse cuenta de que mamá y papá no están en la misma sintonía, aunque a simple vista pueda parecerlo. Estos padres hacen que sea relativamente fácil para el adolescente criticar a uno de los padres - "Me das todas estas comidas que sabes que no me gustan"- sólo para que el otro padre se una al adolescente para criticar a ese padre por no esforzarse más o ser más creativo en la búsqueda de diferentes alimentos que pueda comer. No hace falta decir que la estrategia del trastorno alimentario de dividir y conquistar funciona bien en esta familia. La próxima vez que el adolescente critique al otro progenitor, el padre restante se unirá a la crítica y así continuará el ciclo.

Si descubre que esto ocurre en su familia, usted y su cónyuge deben recordarse que estar en desacuerdo de esta manera no va a ayudar a su hijo a recuperarse de la anorexia. Aunque ambos intenten que coma más (lo cual es bueno y le ayudará a ganar esos kilos que tanto necesita), no tendrán todo el éxito que podrían tener a menos que se recuerden a sí mismos que en la cuestión de cuánta comida, cuándo o cómo, no pueden estar en desacuerdo con su cónyuge en absoluto.

Intenta no estar en desacuerdo delante de tu hijo. Si su cónyuge dice algo sobre el tipo o la cantidad de comida delante de su hijo y usted no está de acuerdo, siga la corriente de su cónyuge por el momento.

Cuando tengan un momento de intimidad, discutid

vuestras diferencias con franqueza y aseguraos de llegar a un acuerdo sobre cómo manejar la situación cuando vuelva a surgir. Ponte siempre de acuerdo delante de tu hijo.

4. Uno de los padres culpa al otro de ser demasiado crítico con el niño que padece un trastorno alimentario.

Susan no ha ganado peso esta semana. Su madre parece muy disgustada y dice: "Ojalá te hubieras esforzado más. Ayer supe que de ninguna manera ibas a estar "arriba" en el pesaje de hoy, simplemente lo sabía". Susan parece angustiada, y papá salta rápidamente a su rescate: "Me gustaría que no te centraras siempre en lo negativo. Sabes que esto no es fácil para Susan".

En algunas familias, existe una enorme acritud entre los padres, lo cual es un reflejo de la naturaleza de su relación mucho antes de la aparición del trastorno alimentario. Esto no significa que estos padres no puedan ayudar a su adolescente. Pero su desafío será encontrar una manera de acordar que no están de acuerdo en muchos otros temas y resolver cómo van a luchar contra el trastorno alimentario de su hijo como un equipo unido. Sin embargo, es muy fácil que el adolescente utilice estas circunstancias de acritud entre los padres para "proteger" el trastorno alimentario.

Si uno puede acusar a su padre de ser horrible, malo, irrazonable, demasiado estricto o crítico, puede ser fácil conseguir que el otro padre tome partido acusando al cónyuge de no ver nunca el progreso, de esperar siempre lo peor, etc. El resultado final es que, aunque ambos padres quieren que su hijo adolescente vuelva a estar sano, se ven constantemente atrapados en luchas a tres bandas.

Si te encuentras en este dilema, tendrás que dejar de lado tus problemas matrimoniales hasta que tu hijo adolescente se recupere. Somos conscientes de que es más fácil decirlo que hacerlo. Algunos padres en estas circunstancias se recuerdan continuamente que las discusiones se dan entre el hijo y el padre suelen surgir discusiones entre los padres, y así es como permanecen atentos a que el trastorno alimentario intente colarse. Pero si la discordia marital continúa obstaculizando su ayuda con el trastorno alimentario de su hijo, debería considerar pedirle al terapeuta que lo ayude a abordar algunas de las cuestiones cruciales que hacen que sea tan difícil que ambos se pongan de acuerdo.

. . .

Aunque parece bastante típico que uno de los padres "mime" a su hijo más que el otro, en parte debido a las diferencias en el estilo de crianza (uno es permisivo, otro no) y quizá también por el favoritismo hacia un hijo en detrimento de los demás de la familia, deberíais intentar encontrar una forma de evitar entrar en el enfoque de quién es el correcto.

En lugar de ello, acuerden, como norma general, que van a discutir las respuestas aceptables al rechazo de la comida por parte de su hijo: qué tono de voz es apropiado, qué palabras están bien y cuáles no, cómo se lo recordarán mutuamente, sin acusarse, cuando uno de ustedes se salga de esos parámetros. Como hemos dicho antes, deberíais acordar al menos no criticaros mutuamente delante de vuestro hijo, sino hablar de estas cosas sólo después, a solas.

La mejor manera de demostrar su frente unido es que uno de los padres diga: "Susana, quiero que te comas este plato de pasta", y que el otro responda inmediatamente con: "Susana, tu madre y yo queremos que te comas este plato de pasta". En otras palabras, los padres deben repetir las instrucciones del otro e intentar reiterar siempre que la petición de seguir comiendo proviene de ambos.

Desordenes Alimenticios durante la Adolescencia

. . .

5. Uno de los padres aborda el trastorno alimentario con relativa dureza, mientras que el otro intenta constantemente suavizar los golpes verbales del primero.

"Kate, tienes que comerte ese trozo de pollo que tienes en el plato", dice papá con firmeza. "Odio que me digas lo que tengo que hacer", replica Kate. Luego se dirige a su madre y le dice: "Dile que no me grite. Sabes que no me gusta el pollo. Díselo, mamá, díselo".

La madre de Kate sabe que es la anorexia de Kate la que trata de desviar su atención para discutir con el padre de Kate y que la anorexia pueda salirse con la suya. Por lo tanto, no se lo "cuenta" como su hija la empuja a hacerlo.

En su lugar, dice: "Ambos sabemos que no te gusta el pollo, cariño. Nadie intenta que comas lo que no te gusta. Tal vez puedas prescindir de la carne, sólo por esta vez".

En esta variante del escenario anterior, el trastorno alimentario de la niña vuelve a intentar afianzarse entrenando la atención de los padres en el otro y alejándola de la enfermedad que está haciendo que su hija se consuma. Aquí, sin embargo, los padres parecen estar en la misma página, porque la madre de Kate está al tanto de los trucos de la anorexia. Pero no del todo. Puede que los padres de Kate estén en la misma página, pero no están en la misma línea, en la misma palabra y en la misma letra, como deberían estar. Puede que no se hayan enzarzado en una disputa entre ellos, pero la anorexia ha ganado.

La madre de Kate no sabe qué más podría haber hecho.

Ambos padres se esfuerzan por conseguir que Kate coma más sano.

Pero si la madre de Kate insiste en que Kate coma lo que tiene delante, se habrá negado a proteger a su hija del "acoso" de su padre y ella misma será vista como una acosadora. Si cede a los deseos de su hija, se opondrá a los esfuerzos de su marido por conseguir que su hija coma cantidades más saludables de comida. La madre de Kate optó por negociar con el trastorno alimentario y dejar que Kate tuviera una comida de compromiso; en este caso, como es típico, una ensalada con aderezo sin grasa o sin aderezo. Este escenario deja a Kate satisfecha, a papá frustrado con su mujer y su hija, y a mamá asediada por intentar complacer tanto a su marido como a su hija (léase el trastorno alimentario). El ganador, por supuesto, es el trastorno alimentario.

Cuando los padres no están de acuerdo sobre cómo ayudar a su hijo, como estos dos padres, siempre deben discutir sus diferencias en privado. Exponer estas diferencias delante del adolescente a la hora de la comida sólo servirá para echar más leña al fuego de la enfermedad, ya de por sí vigorosa.

Aunque la madre de Kate se hubiera sentido incómoda con el desarrollo de esta comida, el hecho de apoyar el esfuerzo de su marido (la exigencia de comer X, Y o Z), les mantendría en la misma línea. Una vez que estos padres tengan un momento de intimidad, deberían hablar de lo que acaba de ocurrir en la mesa y pensar en cómo afrontarlo cuando este escenario se vuelva a presentar.

6. El divorcio u otras circunstancias han creado un triángulo parental que hace que permanecer en la misma página sea casi imposible.

. . .

El divorcio de Diane y Lou no fue amistoso, y a los dos les cuesta hablar, y mucho menos pasar tiempo juntos con John, de 16 años, tiene anorexia. Diane es la madre que tiene la custodia, pero trabaja en el turno de 7:00 a 3:00 en un hospital a una hora de distancia. Así que su madre, que tiene su propia casa a unos 8 kilómetros de distancia, viene a las 7:30 para preparar el desayuno de John antes de que vaya al colegio y para asegurarse de que se lo come. No es muy conveniente, pero John necesita desesperadamente ganar peso y ella está dispuesta a hacer este sacrificio. John almuerza por su cuenta en el colegio y va a casa de su padre después de las clases, donde merienda bajo la supervisión de papá. Luego vuelve a casa por la noche y cena con mamá.

Este conjunto de cuidadores adultos implicados en la alimentación de John hace que la coordinación de su esfuerzo de realimentación sea extremadamente difícil, y el progreso de John ha sido lento. "Lo siento", ha dicho su madre en repetidas ocasiones cuando su terapeuta expresa su preocupación por este acuerdo. "Quiero a mi hijo y estoy intentando hacerlo lo mejor que puedo. Pero tengo que ir a trabajar temprano, y no hay manera de que pueda conseguir tiempo libre. Ya estamos faltos de personal. Si pido una baja, perderé mi trabajo definitivamente.

. . .

Sí, claro, estoy preocupada por John, pero su padre y su abuela tendrán que ayudar".

Todos los miembros de esta familia quieren participar en el cuidado del adolescente al que quieren, pero conseguir que las tres partes interesadas estén de acuerdo es todo un reto.

Cuando estos miembros de la familia no se hablan necesariamente entre sí (como es el caso entre la madre y su ex marido) o viven en la misma casa, su programa de realimentación es vulnerable al fracaso por muy buenas intenciones que tengan todos. Como hay tantas lagunas en este régimen, es muy fácil que el trastorno alimentario encuentre una vía de escape y se cuele. Por ejemplo, John puede convencer fácilmente a la abuela de que no tiene que desayunar "tanto" porque "mamá ya me dio mucho para cenar anoche". John no tiene que almorzar en la escuela porque allí no hay nadie que lo supervise. Cuando va a casa de su padre a merendar, puede anunciar que no tiene ganas de comer mucho "ya que he comido mucho en el colegio".

Como queda claro en los capítulos anteriores, no es que John quiera mentir a sus padres, sino que el trastorno alimentario está teniendo una oportunidad ideal para colarse por las grietas de este sistema tan "poroso" que los adultos han puesto en marcha. Se supone que este sistema familiar debe ayudar a John a restablecer su peso dentro de un rango normal para su edad y altura.

¿Qué hay que hacer para remediar la situación? Hay muchas diferencias que pueden haber provocado el divorcio entre los padres de John, y la madre puede tener problemas con su propia madre por haber tenido que intervenir para ayudar con el cuidado del niño. Si John tiene alguna posibilidad de recuperarse de su anorexia, estos adultos tendrán que encontrar una forma de hablar entre ellos, dejar de lado sus diferencias personales y averiguar cómo pueden trabajar juntos con más éxito en la realimentación de John. Su terapeuta debería poder ayudarles a resolverlo.

Una posible solución es que cada miembro de esta familia, después de la comida de la que es responsable, informe por teléfono a la siguiente persona de la fila. La abuela llama a papá y le deja un mensaje diciéndole lo que ha comido Juan y lo que ha dicho al respecto; entonces papá decide cuál es la merienda adecuada. Papá también llama y deja un mensaje a mamá para que ella decida cómo hacer la cena. Así no tienen que hablar en persona. Además, a un consejero escolar, por ejemplo, se le podría asignar la tarea de controlar a Juan discretamente durante el almuerzo para ver qué está comiendo y tal vez incluso ofrecerle un par de palabras de aliento. En ese caso, la abuela podría llamar directamente al consejero o podría dejar un mensaje para mamá y ésta podría hacer la llamada. Entonces el consejero podría informar a papá.

Si este programa no funciona como estaba previsto, y todas las partes no pueden dejar de lado sus diferencias, puede que tengan que volver al terapeuta, que puede servir de mediador para ayudarles a comunicarse sobre la mejor manera de ayudar a John. El terapeuta podría, por ejemplo, designar a uno de los tres como "persona clave" que se encargue de comunicarse con los demás y de hacer un seguimiento de lo que come John. En el caso de John, podría ser su madre, ya que es la que tiene la custodia y es la opción obvia, o podría ser la abuela, ya que a ella le resulta más fácil hablar con los dos que a ellos entre sí.

¿Pueden los padres ponerse de acuerdo? Deben hacerlo

Hemos presentado varios desacuerdos típicos en el abordaje de la anorexia y la bulimia nerviosa por parte de los padres, señalando en cada caso cómo estos desacuerdos pueden obstaculizar la recuperación de tu hijo y cómo tu hijo puede intentar alejarte de su ayuda final con su dilema alimentario, dividiendo tus esfuerzos o simplemente distrayéndote de la tarea en cuestión: su recuperación. En cada ejemplo, también hemos señalado lo que debes buscar en tu propio comportamiento que puede, de hecho, complicar los pasos que ya has dado para ayudar a tu hijo. Por último, hemos mostrado específicamente cómo ustedes, como padres, pueden trabajar juntos de una manera que sea productiva para su hijo, incluso si usted y su cónyuge tienen que acordar estar en desacuerdo por ahora.

Esperamos que estos ejemplos le sirvan de inspiración en sus esfuerzos por encontrar una manera de ponerse de acuerdo sobre cómo ayudar a su hijo, de comida en comida, de minuto en minuto.

Conclusión

Romper con el patrón de un trastorno alimenticio no es asunto fácil, ni es algo que ocurra de un día para otro. Aunque este libro puede aportar una visión general sobre el seguimiento de los padres para su hijo adolescente, procure siempre consultar con un especialista en el ámbito psicológico. Intente apoyar emocionalmente en la medida que le sea posible. Recuerde que el bienestar de las otras personas es una responsabilidad que puede compartir, pero no asumir por completo.

www.ingramcontent.com/pod-product-compliance
Lightning Source LLC
Chambersburg PA
CBHW072019070526
44583CB00015B/1547